休休文庫

出品 休休文庫
整理 鄭伯象

歙縣程氏鍾鼎彝器款識

程霖生藏器 徐乃昌藏拓

國家圖書館出版社

出版説明

經過清代以考據爲主的收藏風氣後，到了民國，金石收藏家把精力更多地留給『吉金』類的搜尋，即青銅器收藏，這類收藏直接關係到當時歷史與考古學術的關鍵問題。民國時期的收藏家對從三代到兩漢器物的形制、制度、銘文有了更爲深刻的判斷。特別是以羅振玉爲主的交游群體，將青銅器考古推向了頂峰，與此同時古董市場也隨之繁盛，可以算是宋代之後最爲活躍的收藏時代。其中風雲人物便包括徐乃昌與程霖生。

徐乃昌（一八六九—一九四三），字積餘，號隨庵，安徽南陵人。清光緒十九年（一八九三）舉人，官至淮安府知府、授江南鹽巡道監督。辛亥革命後，遠離官場。程演生在《徐乃昌行狀》一文中記述到：『所蓄三代彝器、甲骨及秦漢以來古鏡、帶鉤極富，皆世間殊絶之品。而金文石刻拓片達三萬餘通，多足資經學、史學之抉擇。』金石拓片作爲徐乃昌的一項重要收藏，其數目甚爲可觀。其後人捐獻給華東師範大學的金石拓本便有四千五百餘種，外加散落在海内外博物館、圖書館、私人收藏的數量，更令人驚嘆，有待於學界的關注和整理。《徐乃昌日記》中記載他所藏金石拓片獲得途徑既有花錢購買，也有同好之間的互相贈送，還有親自實地搜訪，并請人傳拓所得。一些拓片上還存有徐乃昌本人的題記，涉及尋訪、交游及考訂研究等内容。

此次影印《歙縣程氏鐘鼎彝器款識》拓本四卷的底本便爲徐乃昌收藏，民國九年（一九二〇）獲得，於民國十九年（一九三〇）重裝成册，自題耑首，并每紙鈐蓋收藏印，納入其金石拓本的收藏體系之中。此四册銘文拓本共收入二百一十三器，如王孫遺者鐘、師望鼎、辛鼎、廿四年閈碩鼎、員鼎、庚贏鼎、輔伯雁父鼎、伯魚簋、虎斝、紀侯簋、秦始皇廿六年詔權等等，椎拓精美，可謂皇皇大觀。而贈送徐乃昌這套拓本的人，也是收藏這些青銅器的主人——海上大資本家程霖生。

程霖生（一八八六—一九四三），又名源銓，字齡孫，安徽歙縣人。他是民國時期的資本大鱷，享譽文化界的著名儒商。他曾支持陶行知辦南京曉莊師範、淮安新安小學、歙縣王充工學團等；出資營救過柯慶施和陳延年。程氏

徐乃昌

程霖生

與東北軍抗日將領朱子橋交往甚密，對東北軍多有資助，對家鄉公益事業貢獻尤多。他曾捐資出版《歙縣志》，還獨資栽植杭徽公路兩旁樹木，贈發電機開辦屯溪電燈公司，捐資修漁梁壩、鳳凰橋。每年夏令，從滬運送大批「申公濟衆水」來歙，分贈鄉人治病等。他曾任歙縣旅滬同鄉會會長、歙縣旅滬同鄉普及歙縣教育助成會主任等職。程霖生癖好收藏古銅器和古書畫，印有《新安程氏收藏古金銅器影印册》，并不惜重金收藏石濤、八大山人及新安諸家，特輯有《石濤題畫録》五卷。從徐乃昌留存的《歙縣程氏鐘鼎彝器款識》拓本來看，我們又能瞭解到程霖生對青銅收藏的狂熱。他身邊應該有不少專家，纔能把自己的收藏體系建立得如此完善。本書也是程霖生與徐乃昌交往的一件物證，值得相關專家發掘。

《歙縣程氏鐘鼎彝器款識》主要收入商周至春秋戰國青銅器銘文拓本，另附秦詔書權拓本二器。原本外觀尺寸寬三十一厘米，高二十九厘米。這次出版，我們可以將徐乃昌、程霖生以及他們所處的時代對金石收藏的趣味、流傳、體系等問題重新討論。爲了方便藝術工作者，我們精選了部分拓本進行擴大展示，并配上了銘文釋文。這套拓本除了歷史文獻價值，更是一份書法、篆刻的珍貴參考資料。很慶幸在日本訪得此拓本，進而影印全貌，分享學林。所有拓本依照原裝粘貼順序，目録沒有進行重排，惟尺寸過小者版面進行了整合。本次影印不作觀點闡述，僅呈現文獻原始面貌，粗審雖有疑僞銘文拓本，但不作標注，留與專家考證。爲方便檢索，僅將可考釋出的器物名稱作了標注。有賴本書編輯潘雲俠女士的引介，北京大學中文系張鴻鳴博士、清華大學歷史系劉曉晗博士認真審閱了器名釋定的結果，提出了寶貴意見。本書篇末附録南江濤先生整理《徐乃昌日記》中涉及程霖生的記載，可爲閱讀本書增添對歷史想象的依據。特在此一并鳴謝。

編輯遺漏和錯訛之處，還請讀者指正。

休休堂編輯室

二〇二一年五月

目次

九一　春秋早期　召叔山父簠
九二　西周晚期　杞伯壺
九三　西周中期　𢾊孟延盨甲
九四　西周中期　𢾊孟延盨乙
九五　西周晚期　食仲走父盨（蓋、器）
九六　西周早期　貉子卣（蓋）
九七　西周早期　貉子卣（器）
九八　西周晚期　叔賓父盨
九九　西周早期　伯睘卣（蓋、器）
一〇〇　西周晚期　杜伯盨（蓋）
一〇一　西周晚期　杜伯盨（器）
一〇二　西周中期　茍伯大父盨（蓋）
一〇三　西周中期　茍伯大父盨（器）
一〇四　商晚期　丁卣、商晚期　埶公父丁卣
一〇五　商晚期　魚父乙卣甲、商晚期　魚父乙卣乙
一〇六　商晚期　天父乙卣
一〇七　商晚期　旂卣（蓋、器）
一〇八　西周晚期　仲駒簋甲（蓋）
一〇九　西周晚期　仲姜簋（蓋、器）
一一〇　西周早期　敫卣（蓋、器）
一一一　商晚期　婦闟卣（蓋、器）
一一二　西周早期　遣卣甲（蓋）
一一三　西周早期　遣卣甲（器）
一一四　西周早期　遣卣乙（蓋）
一一五　西周早期　遣卣乙（器）
一一六　商晚期　婦闟罍（蓋、器）
一一七　西周晚期　仲駒簋乙（蓋、器）
一一八　西周早期　後仲鼎
一一九　春秋早期　右走馬嘉壺
一二〇　西周　嘉禮壺尊（宋倣）
一二一　西周晚期　邿仲罍
一二二　西周晚期　鄭太師小子侯父甗
一二三　西周　蔑伯皇父鼎
一二四　商晚期　婦聿卣（蓋）
一二五　西周晚期　旅作父庚盨（蓋、器）
一二六　商晚期　聿舟作兄丁尊彝
一二七　商晚期　箙參父乙盉
一二八　西周晚期　伯侯父盤
一二九　西周中期　德盤

一六五　西周晚期　散伯簋甲（蓋、器）
一六六　西周晚期　散伯簋乙（蓋、器）
一六七　西周晚期　散伯簋丙（蓋、器）
一六八　西周中期　城虢遣生簋
一六九　西周晚期　復公子簋
一七〇　西周晚期　叔師興父盨甲
一七一　西周晚期　叔師興父盨乙
一七二　春秋早期　郜𪓐簋甲
一七三　春秋早期　郜𪓐簋乙
一七四　西周中期　伯椃簋甲
一七五　西周中期　伯椃簋乙
一七六　西周晚期　兮仲簋甲
一七七　西周晚期　兮仲簋乙
一七八　西周早期　昜旁簋甲
一七九　西周早期　昜旁簋乙
一八〇　西周中期　倗伯簋
一八一　西周中期　仲𠭯父簋
一八二　西周早期　伯魚簋甲
一八三　西周早期　伯魚簋乙
一八四　商晚期　𨘢簋
一八五　西周早期　𤞷馭簋
一八六　西周早期　□作父乙寶尊彝
一八七　西周早期　紀侯簋
一八八　商晚期　□子□父乙簋
一八九　商晚期　宁矢父丁簋
一九〇　西周早期　史逗簋
一九一　商晚期　林[illegible]鬲
一九二　西周早期　朿麦簋
一九三　西周早期　作寶尊彝簋
一九四　西周早期　□作彝簋、商晚期　咸父乙簋、西周早期　叔作姒尊簋
一九五　西周早期　𢀛父簋、商晚期　串父辛簋、商晚期　□□父己簋
一九六　商晚期　□簋、商晚期　羊簋、商晚期　□父辛簋
一九七　商晚期　戈簋、商晚期　未知器、商晚期　伯八□簋
一九八　商晚期　季□父乙宁簋
一九九　西周早期　雔□簋
二〇〇　商晚期　行□天簋、商晚期　作䍙簋
二〇一　商晚期　竝卣（蓋、器）
二〇二　秦始皇廿六年　詔書權
二〇三　秦始皇廿六年　詔書權

歙縣程氏鐘鼎彝器款識

附秦權二器

共裝四冊

庚申正月程霖生贈　計二百十三器

庚午五月隨盦裝記

第一冊

春秋晚期　王孫遺者鐘（正面鉦間）

春秋晚期　王孫遺者鐘（正面左鼓）

春秋晚期　王孫遺者鐘（背面右鼓）

春秋晚期　王孫遺者鐘（背面鉦間）

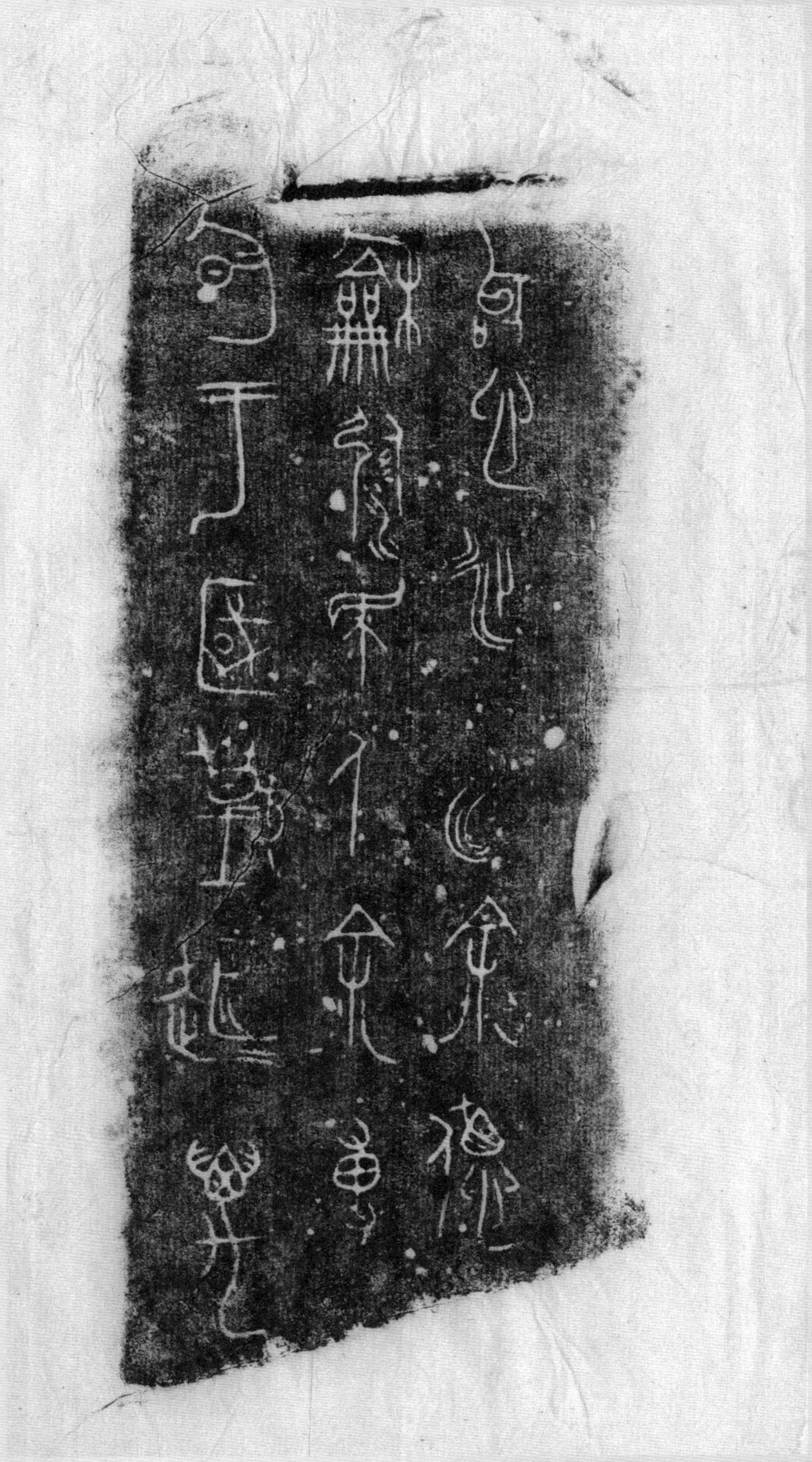

春秋晚期　王孫遺者鐘（背面左鼓）

春秋晚期　王孫遺者鐘（正面右鼓）

西周晚期　虢叔旅鐘

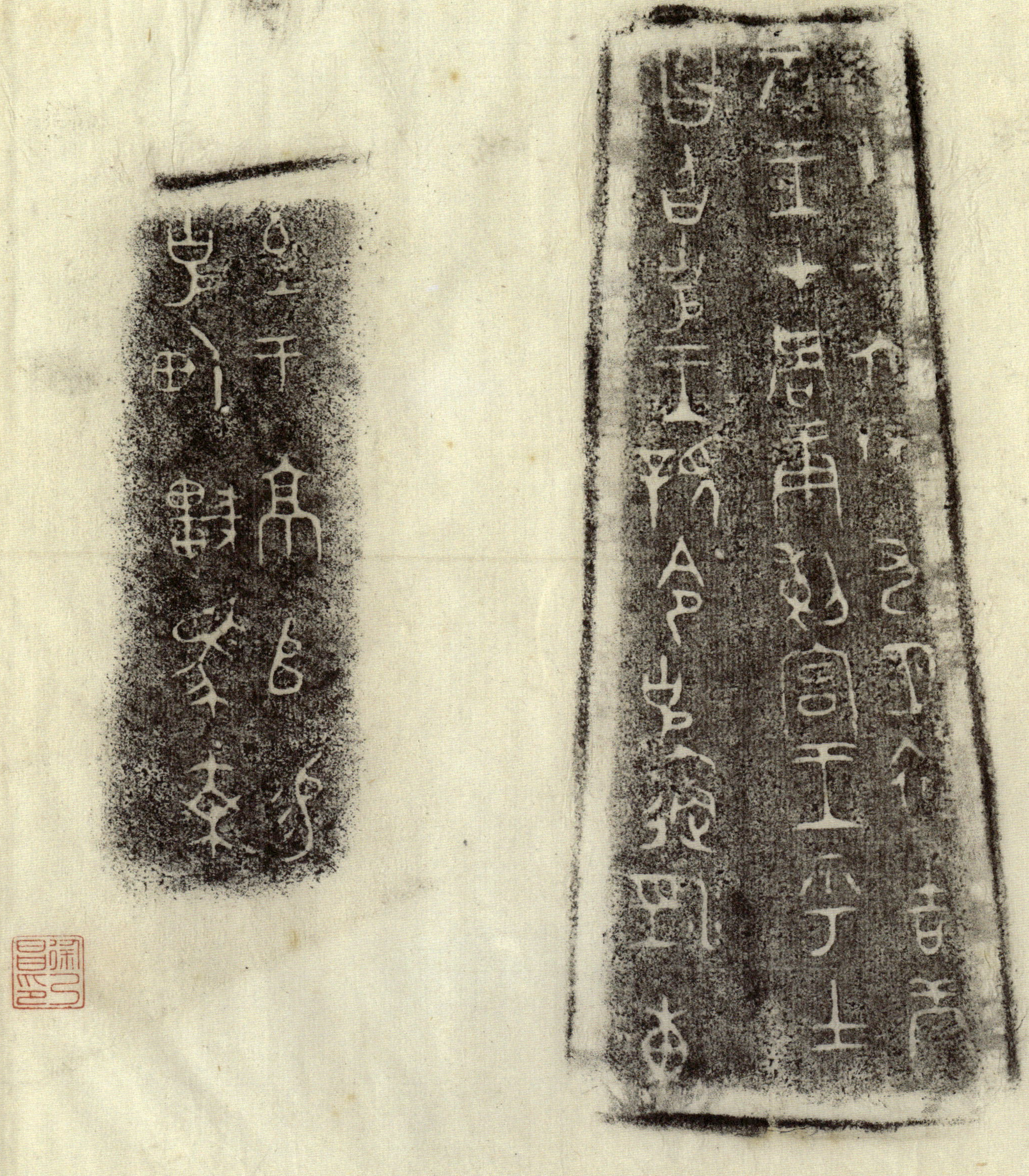

西周晚期　克鐘甲

西周晚期 克鐘乙

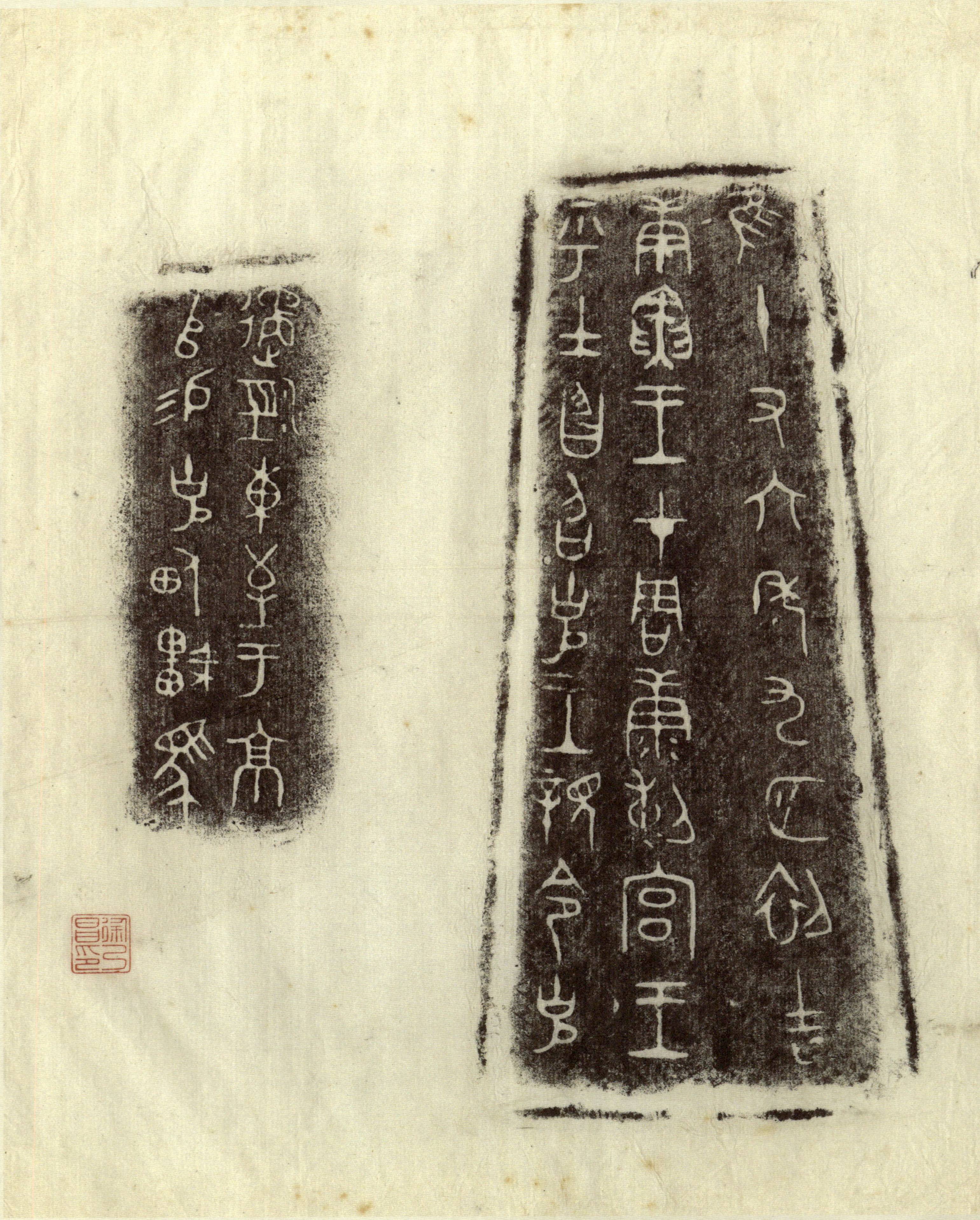

西周晚期　克鐘

春秋晚期　邾公牼鐘（鼄公牼鐘）正面鉦間和鼓部

春秋晚期 邾公牼鐘（鼄公牼鐘）背面鉦間和鼓部

春秋晚期 者減鐘

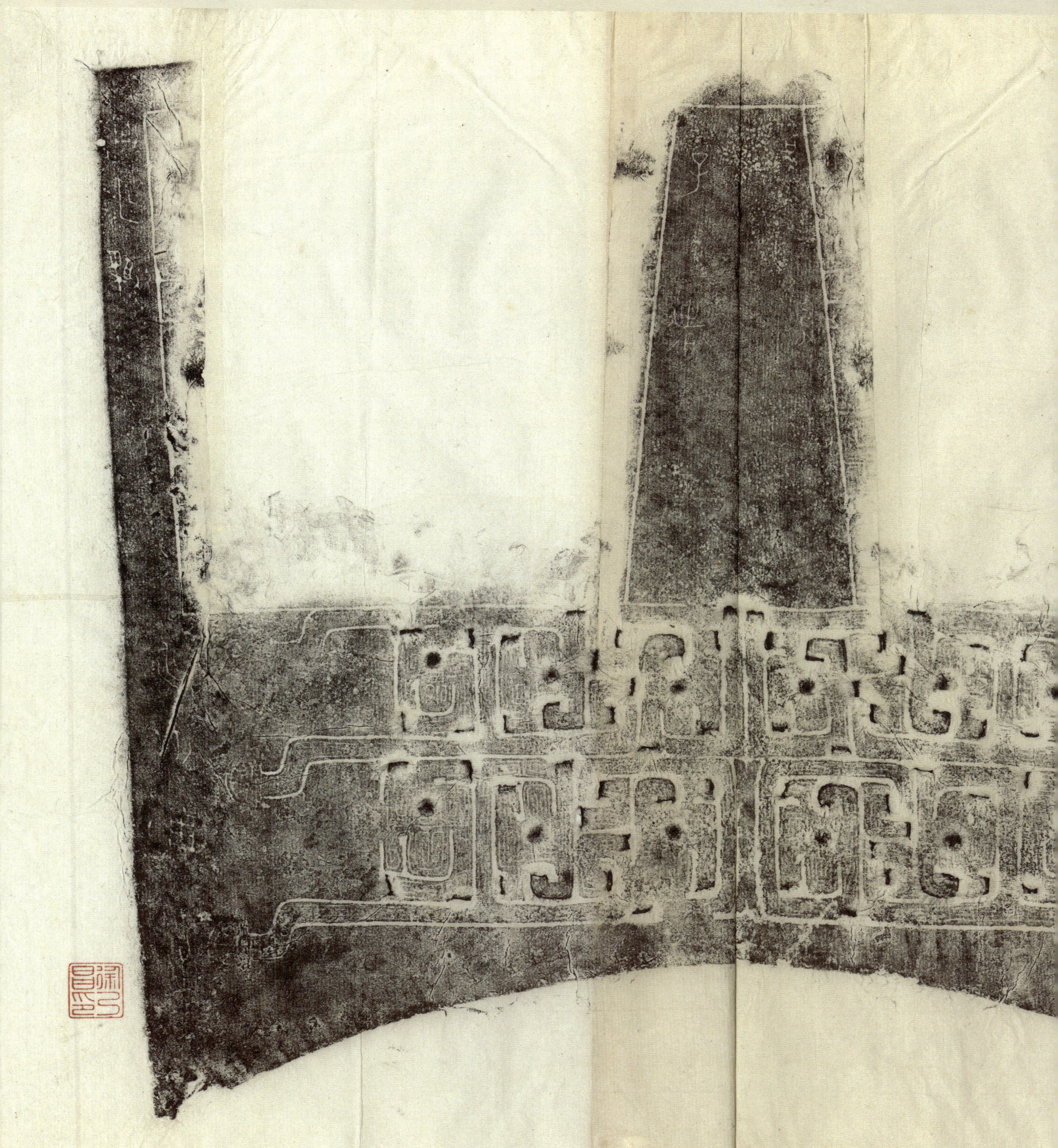

春秋晚期 子璋鐘（背面）

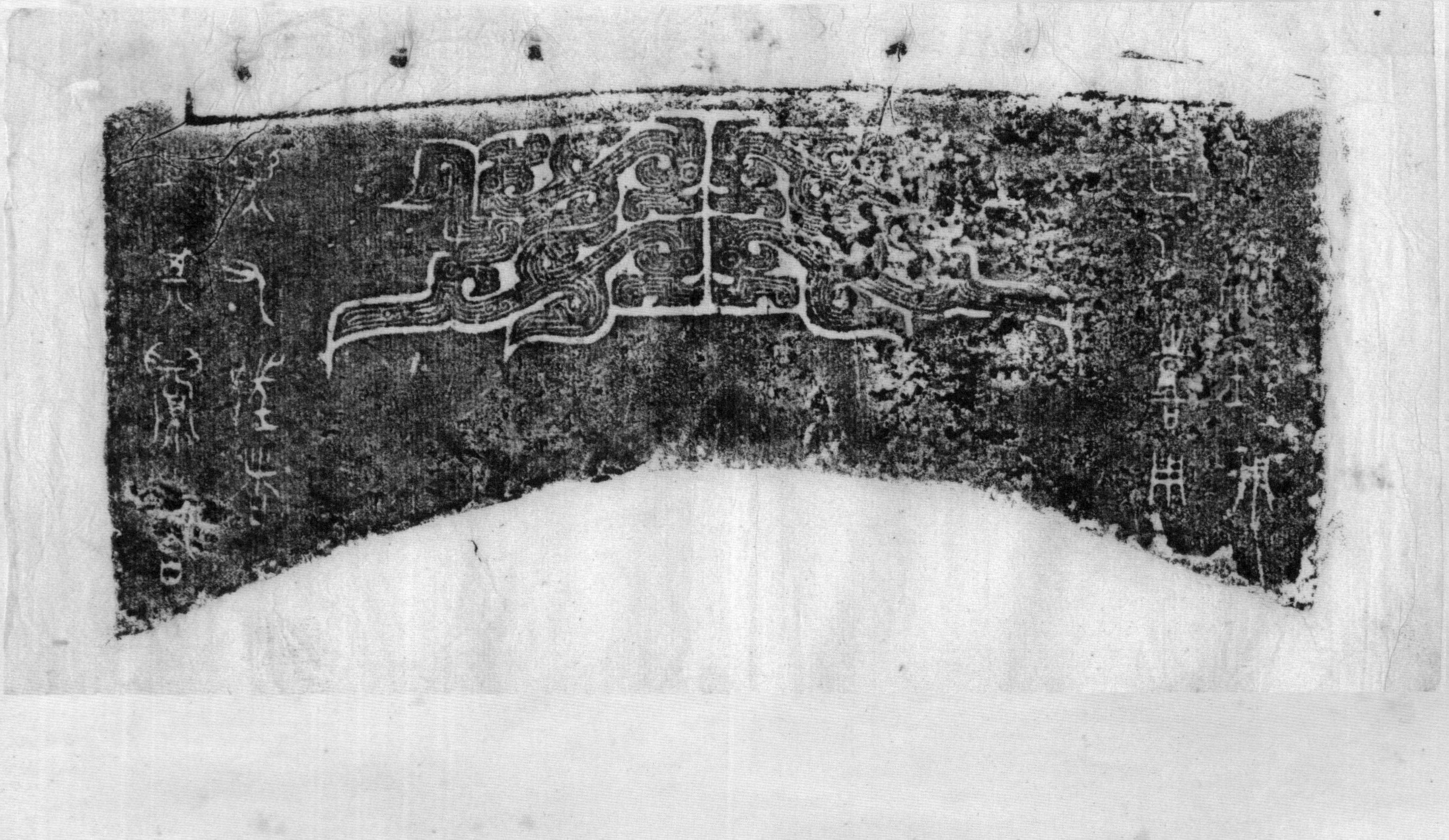

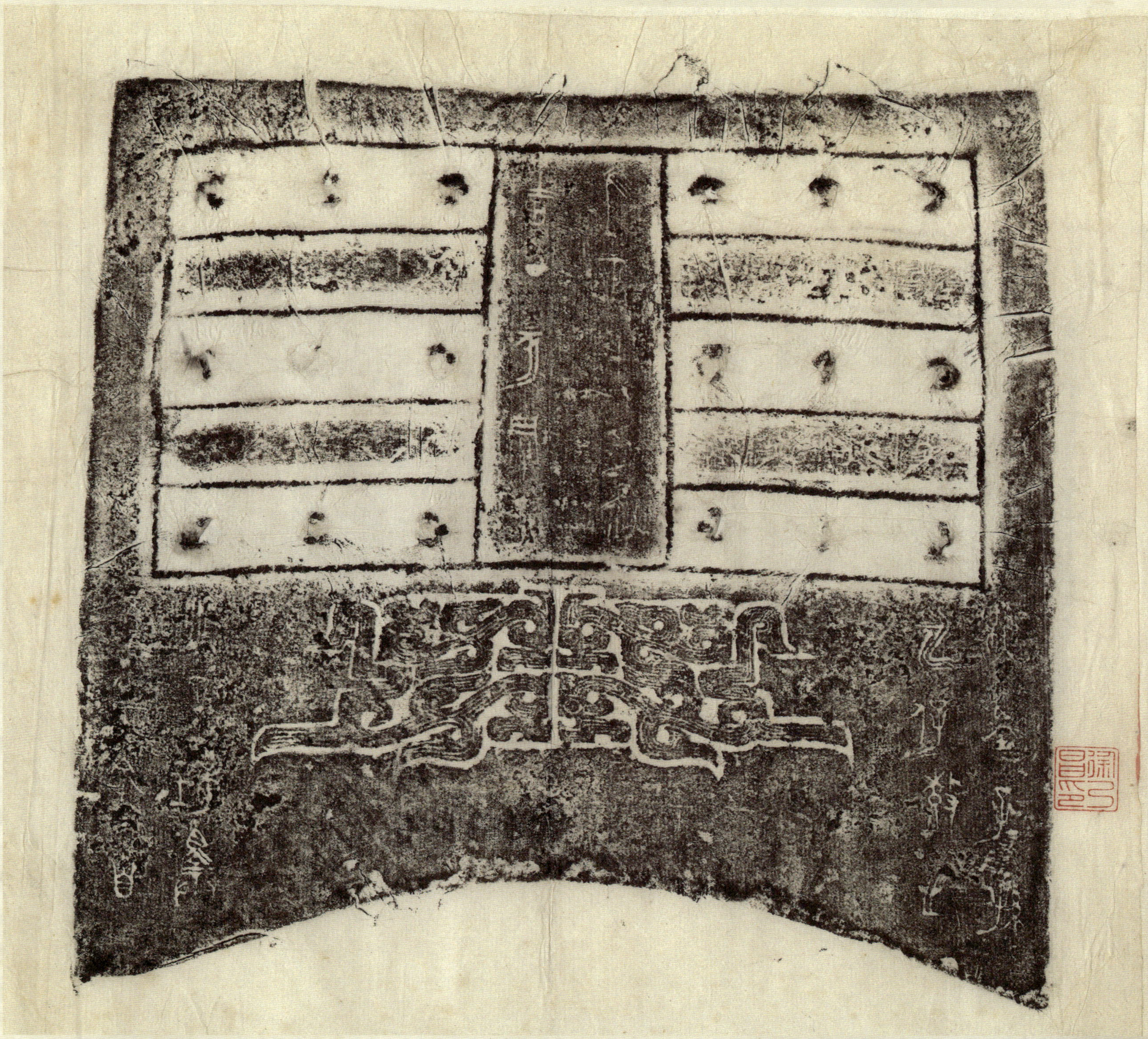

春秋晚期　子璋鐘（正面）

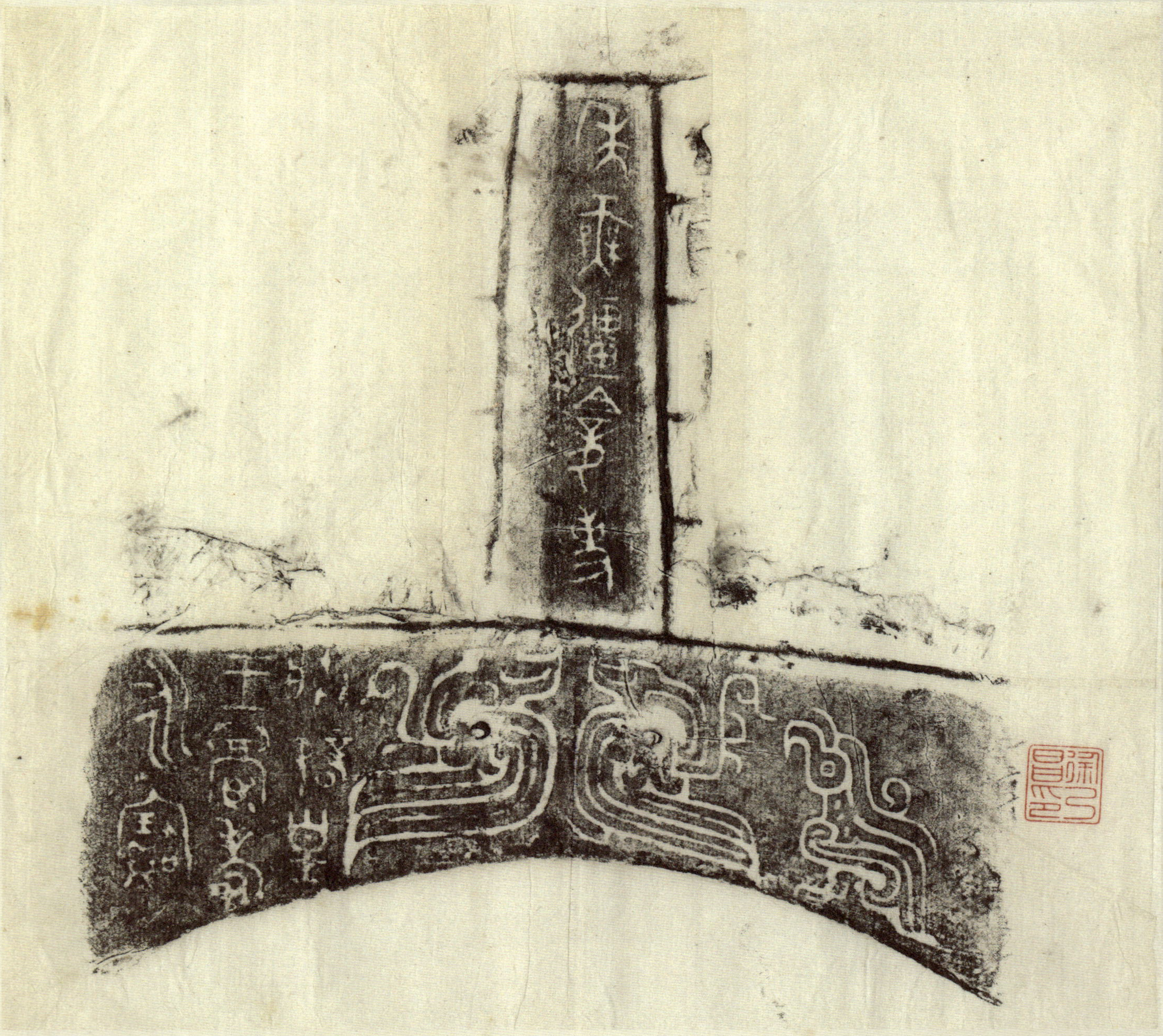

西周晚期　眉壽鐘

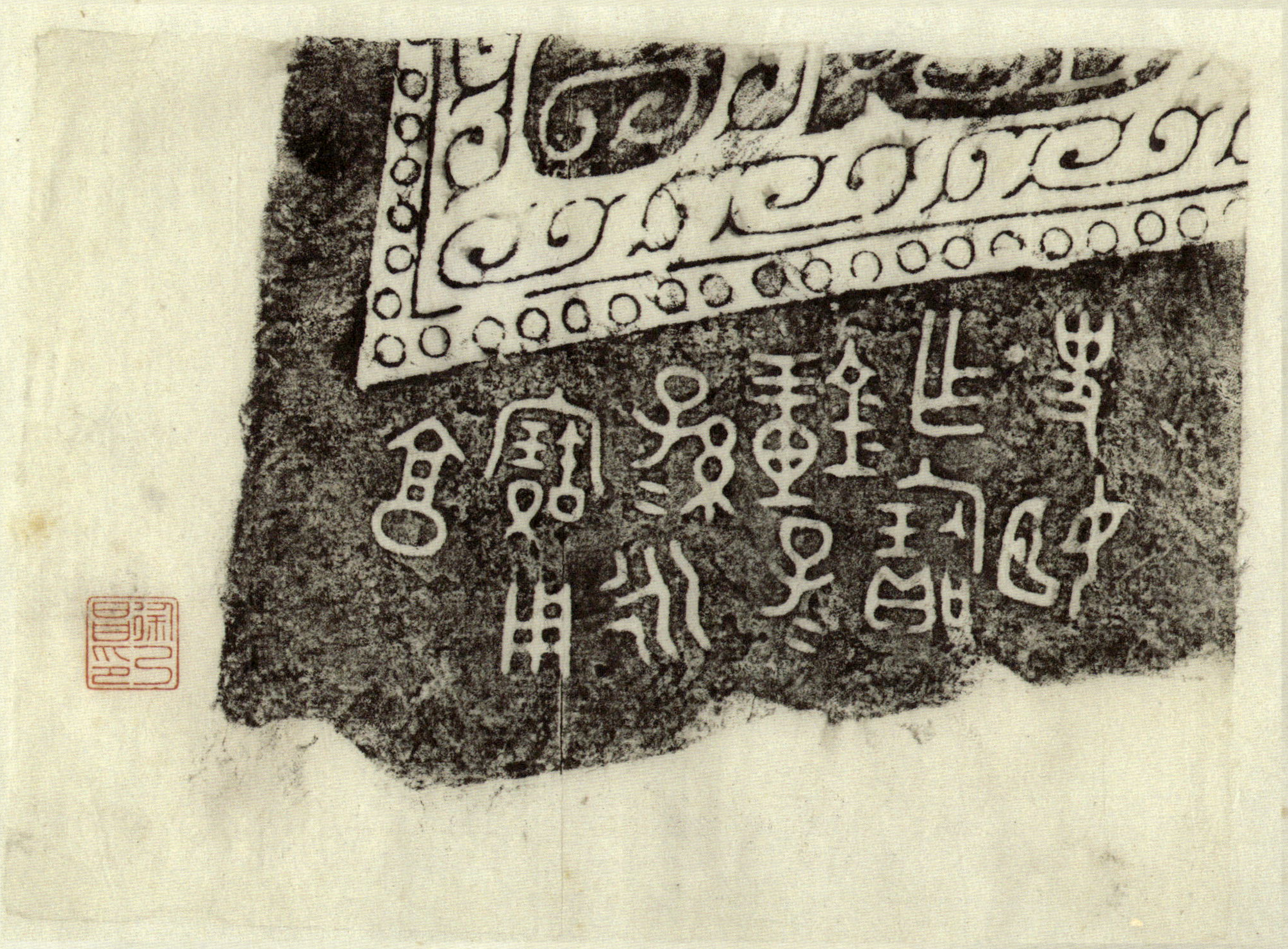

西周晚期　史姬鐘

西周中期　害叔鐘

西周中期 師望鼎

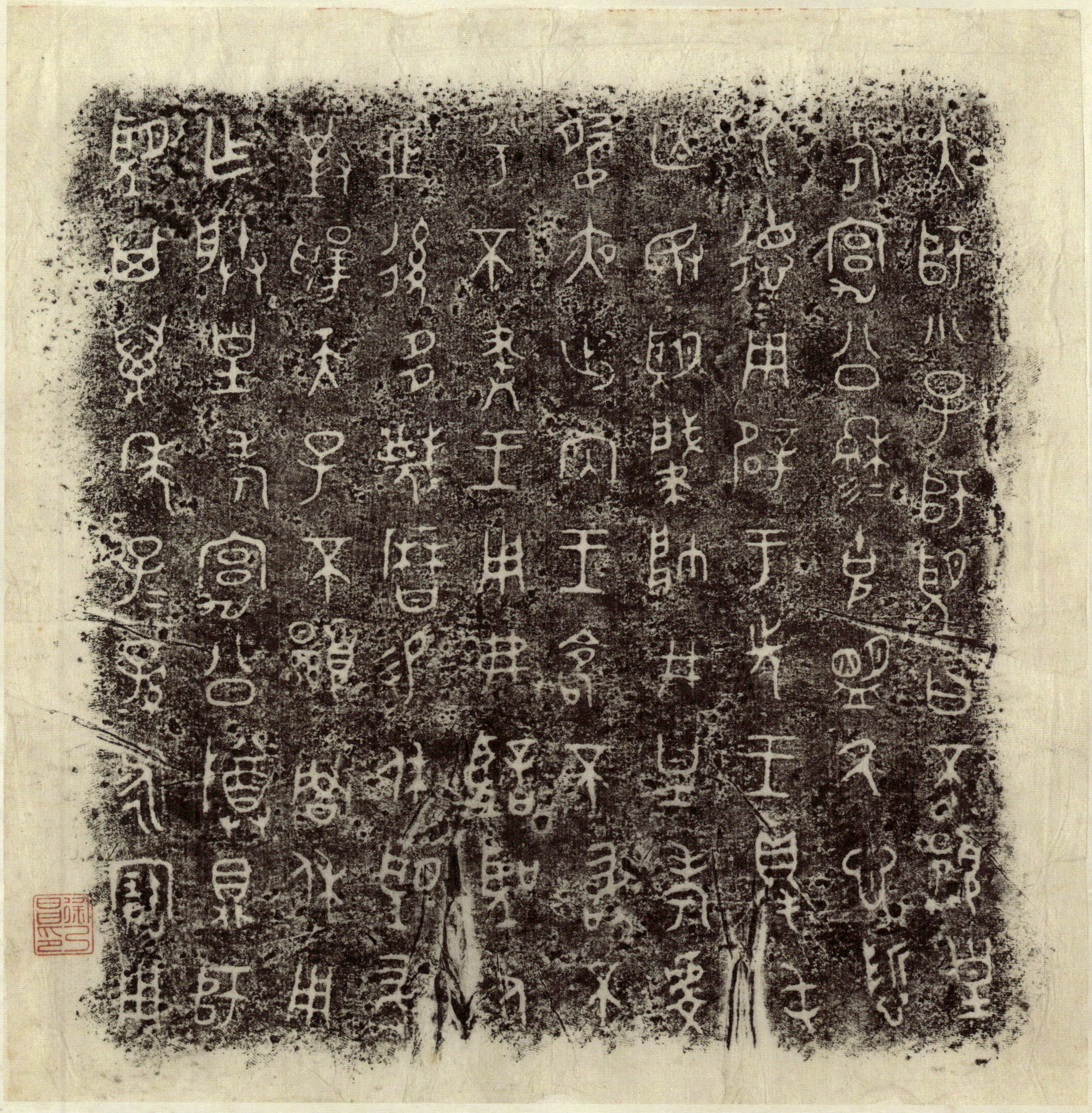

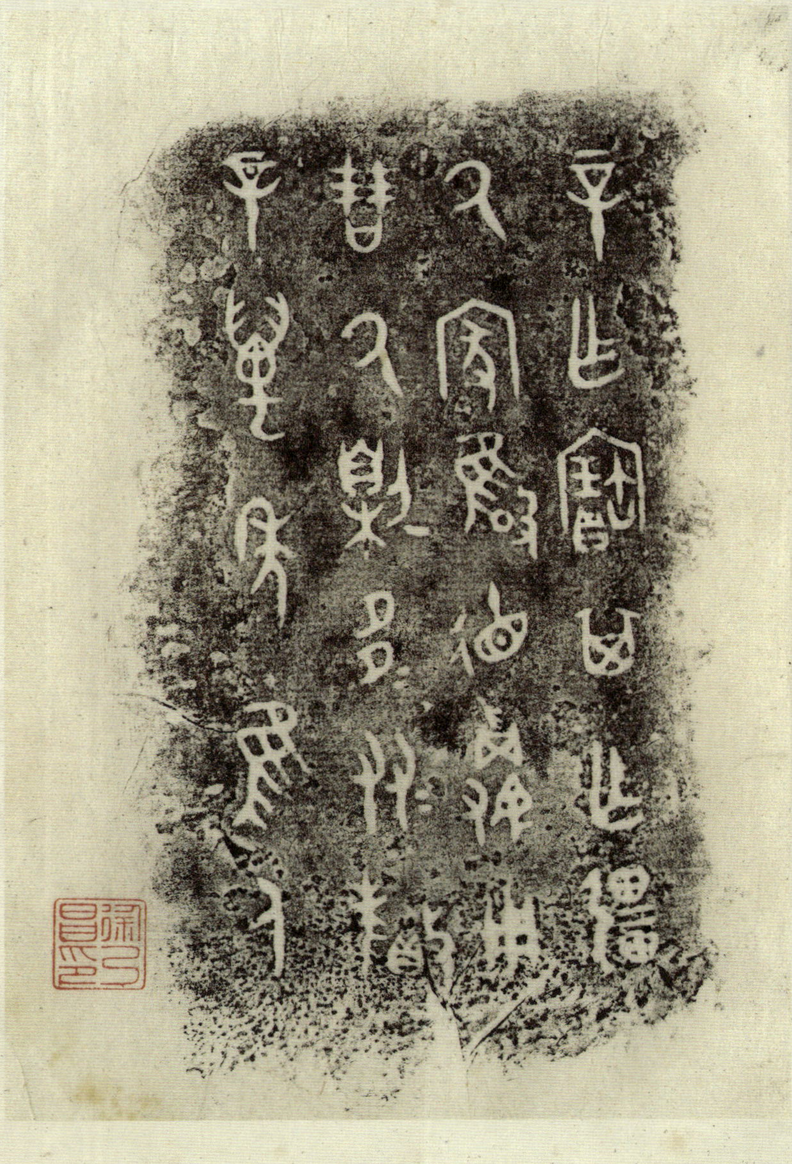

西周中期　辛鼎

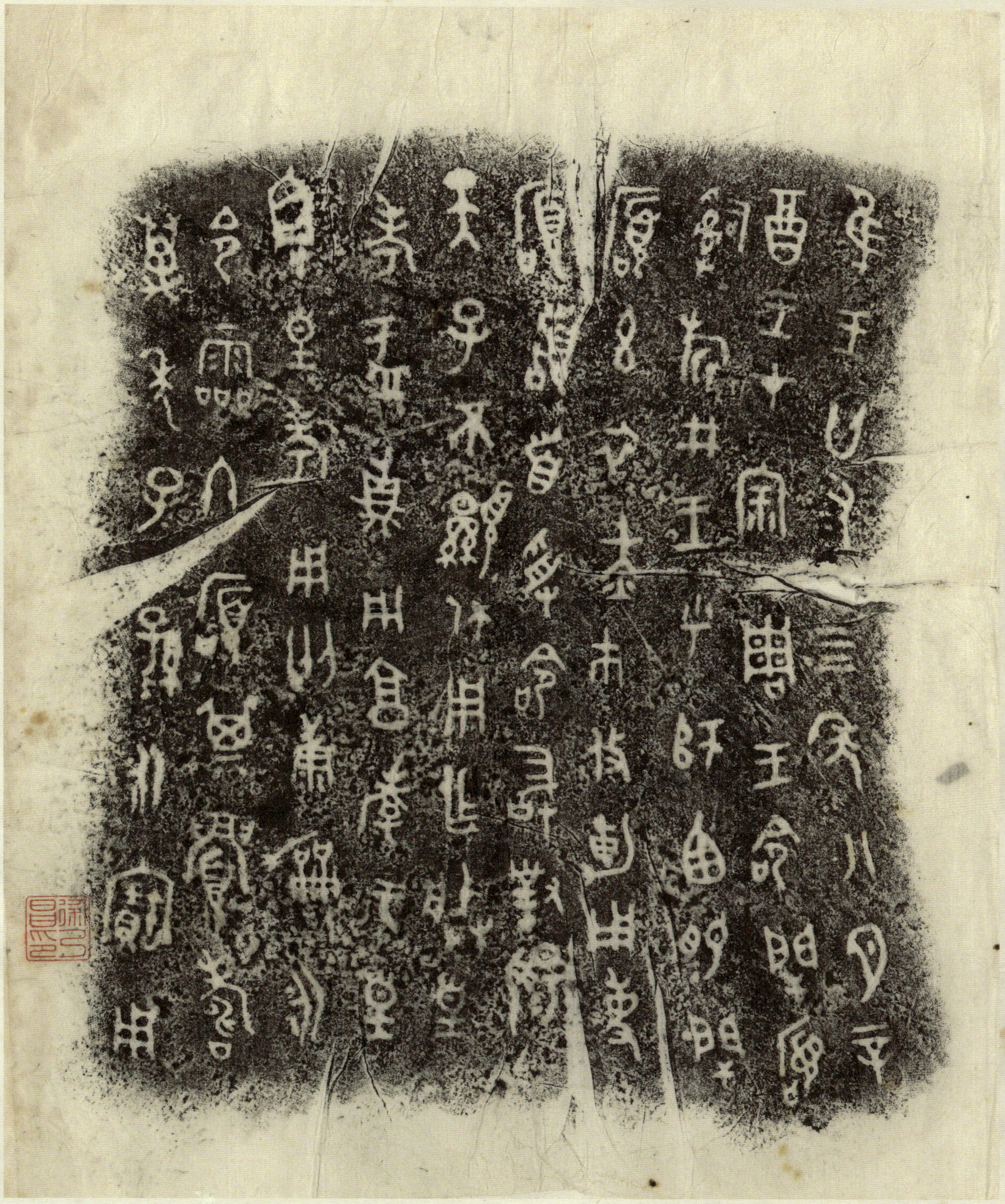

西周晚期　廿四年閈碩鼎

西周中期　員鼎

春秋晚期 樊季氏孫仲鼎

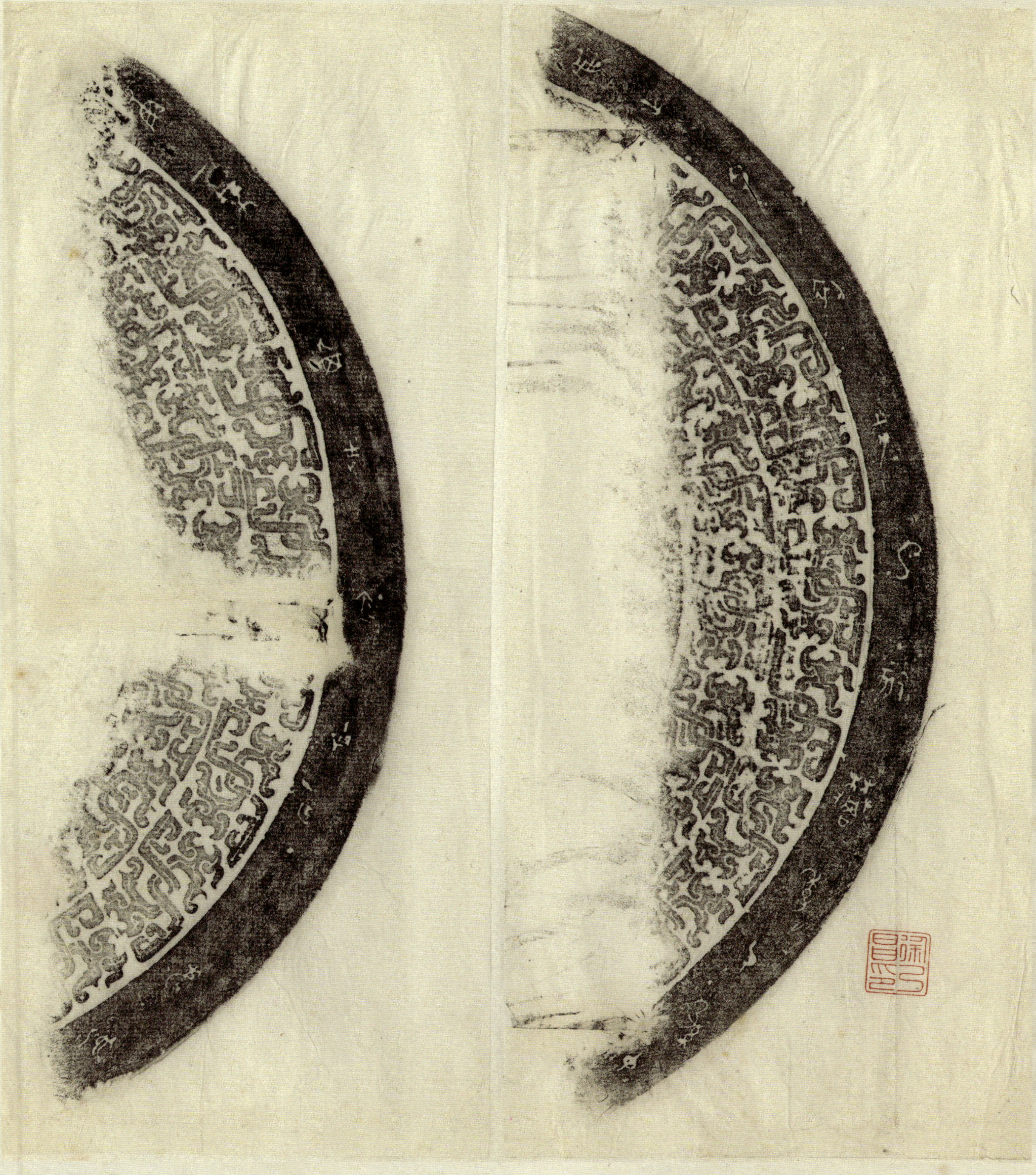

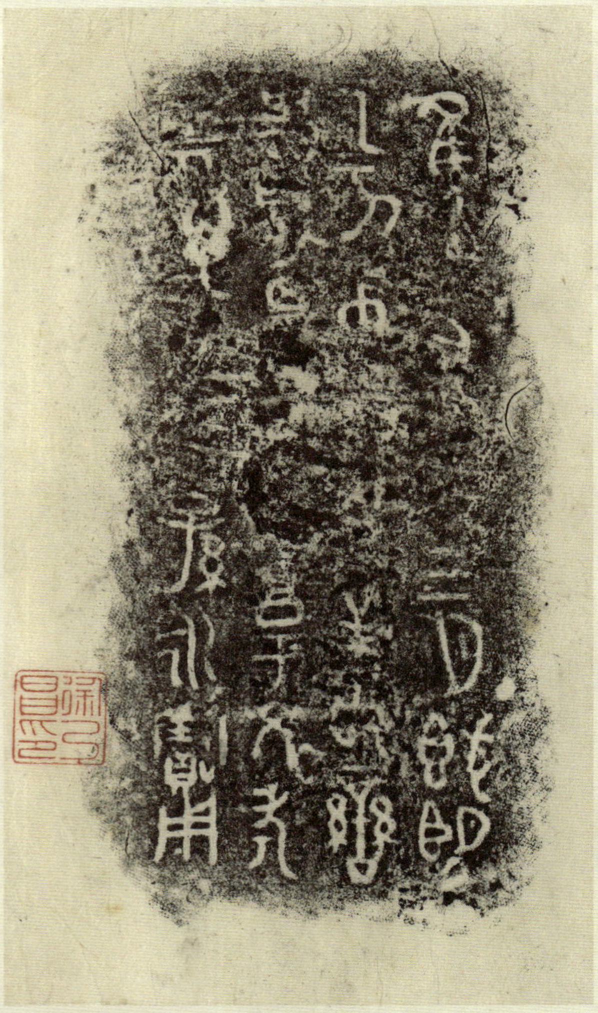

西周 事族簋

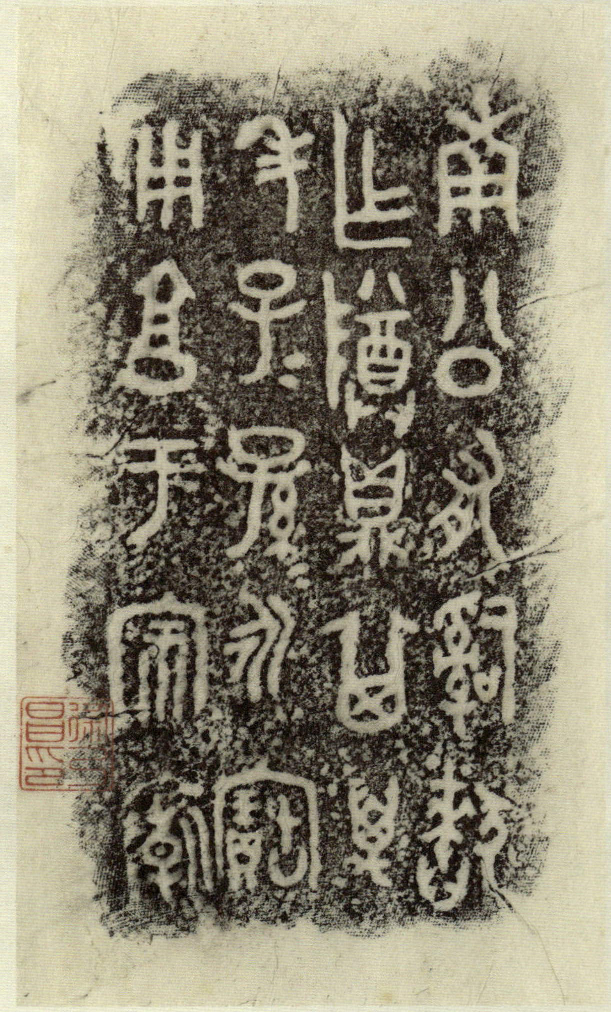

西周晚期 南公有司⿰黹犬鼎

西周晚期　曶鼎

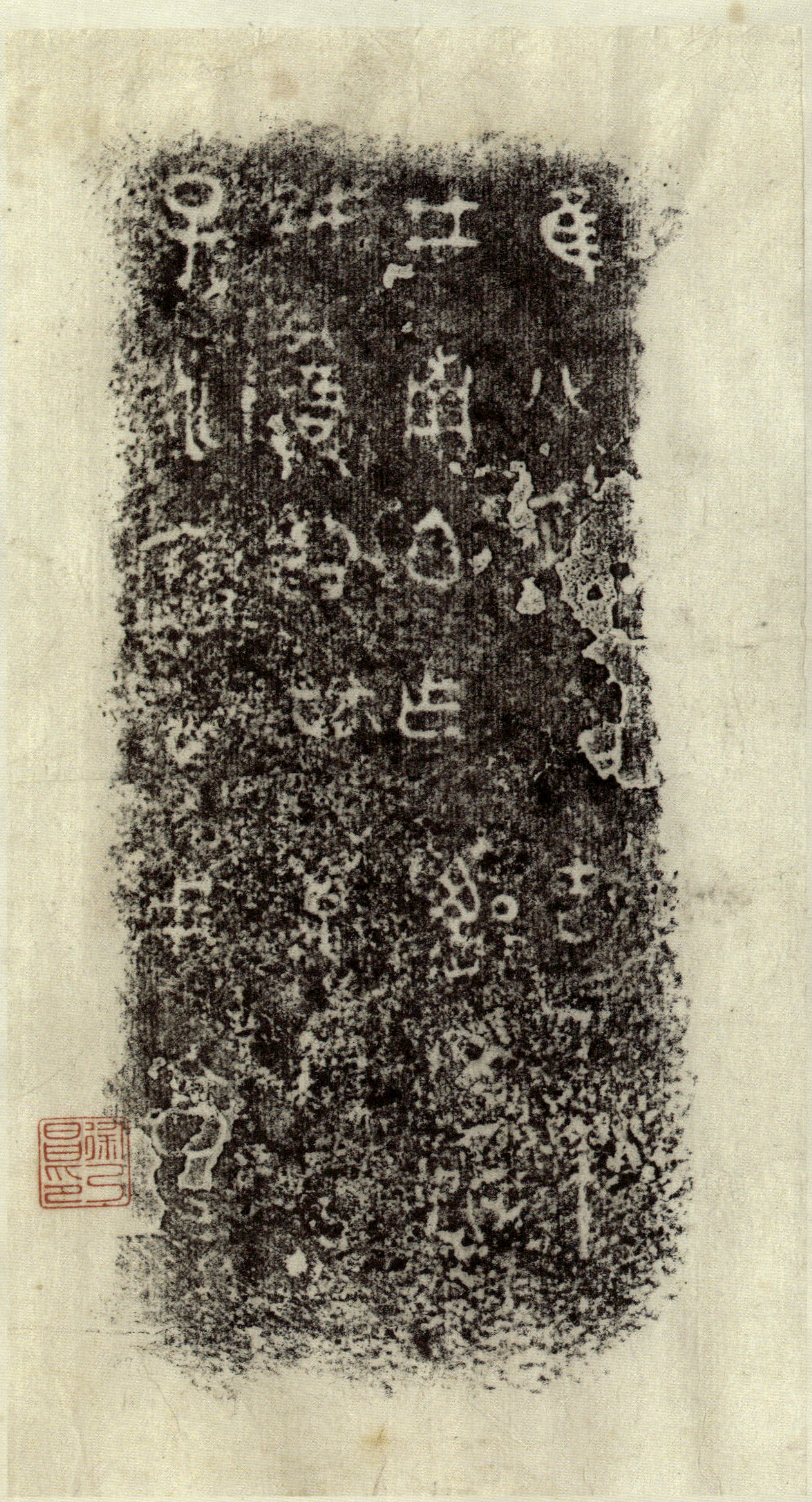

西周中期　井南伯簋

西周晚期　仲義父客鼎甲

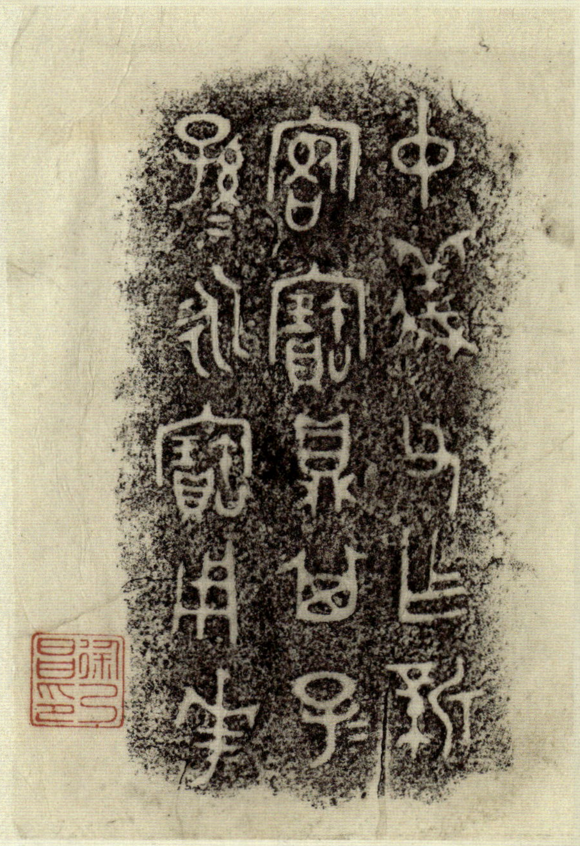

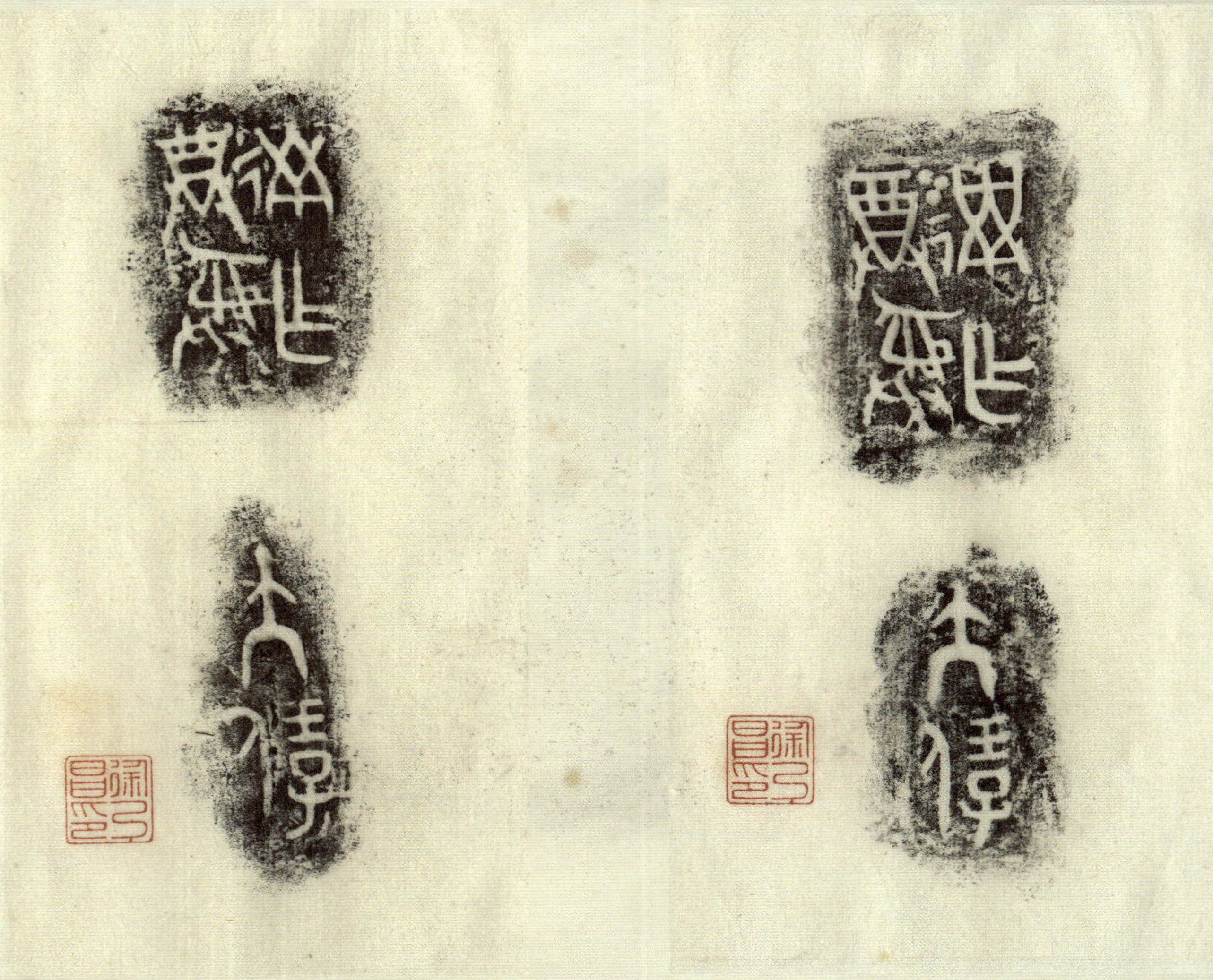

西周早期 ⿰彳帶鼎（兩種）

西周晚期　仲宦父鼎

西周早期　伯六⿰司予方鼎

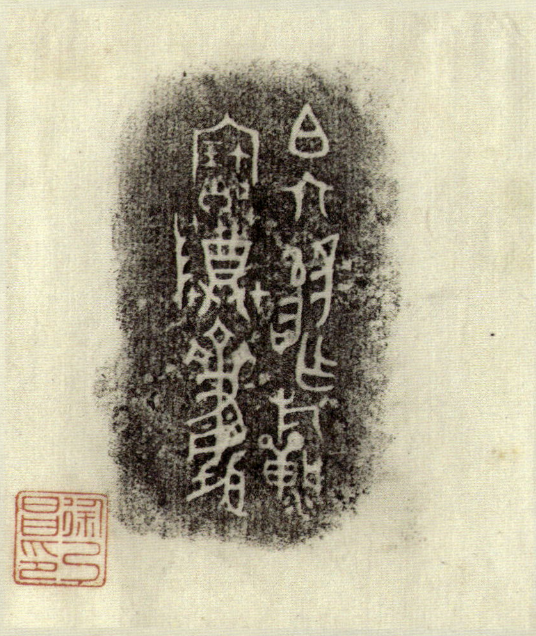

未知器

西周晚期　伯咸父鼎

商晚期　□父己鼎（兩種）

商晚期　亞伯禾鼎

商晚期　成王尊鼎

西周中期　庚嬴鼎

西周晚期　伯考父鼎

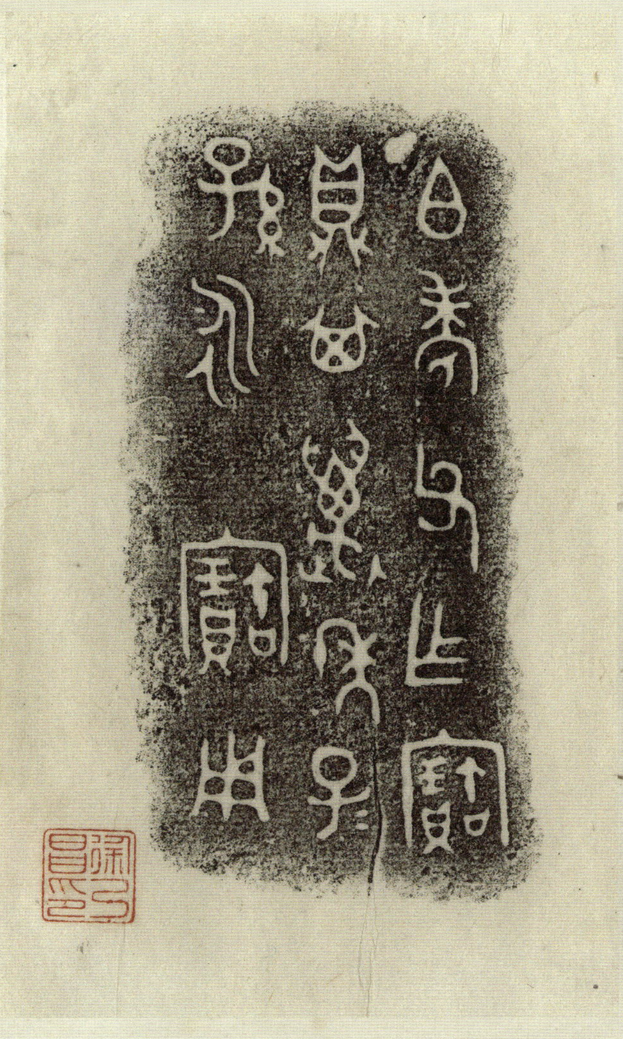

春秋早期　伯氏鼎甲

春秋早期　伯氏鼎乙

西周晚期　叔攸作旅鼎

春秋早期　于伯鼎

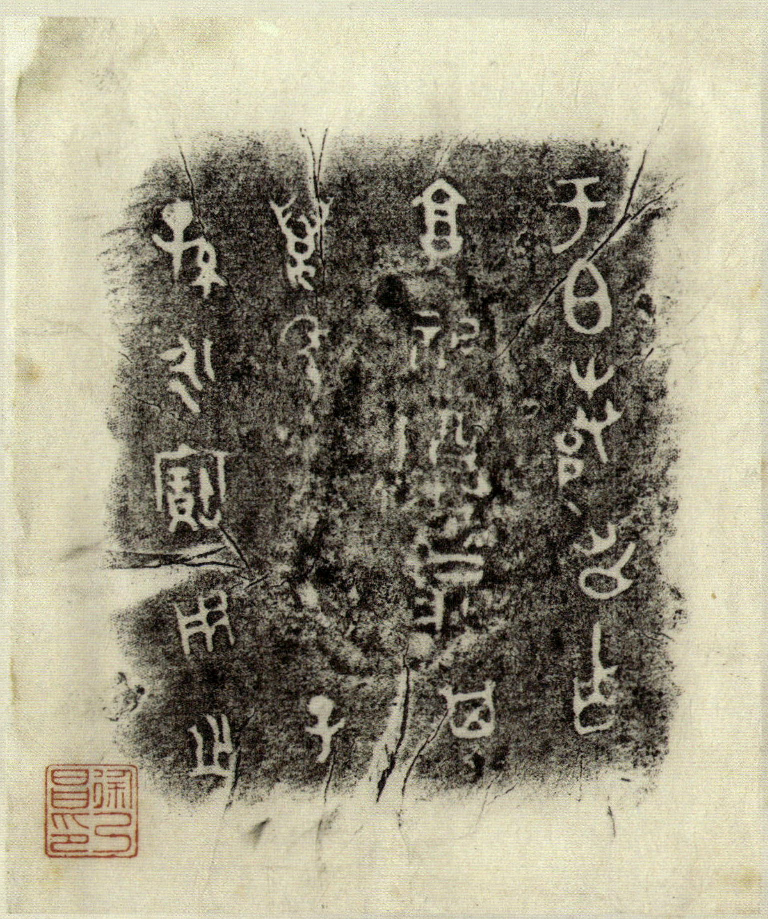

西周早期 中婦鼎

西周早期 作寶鼎

春秋早期　□者生鼎

春秋 輔伯雁父鼎

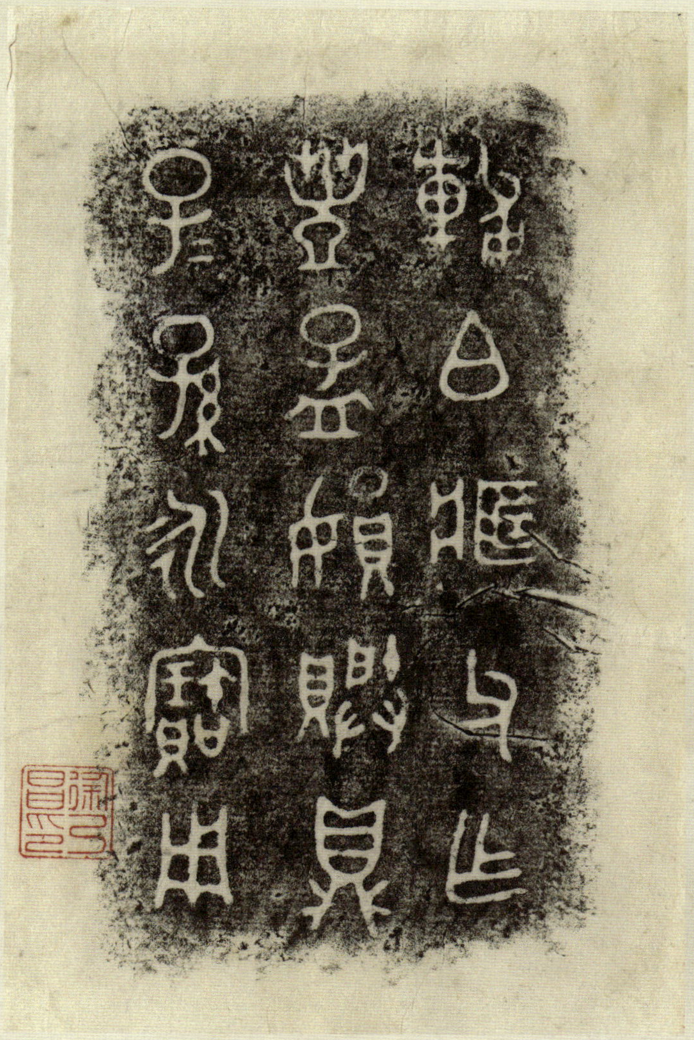

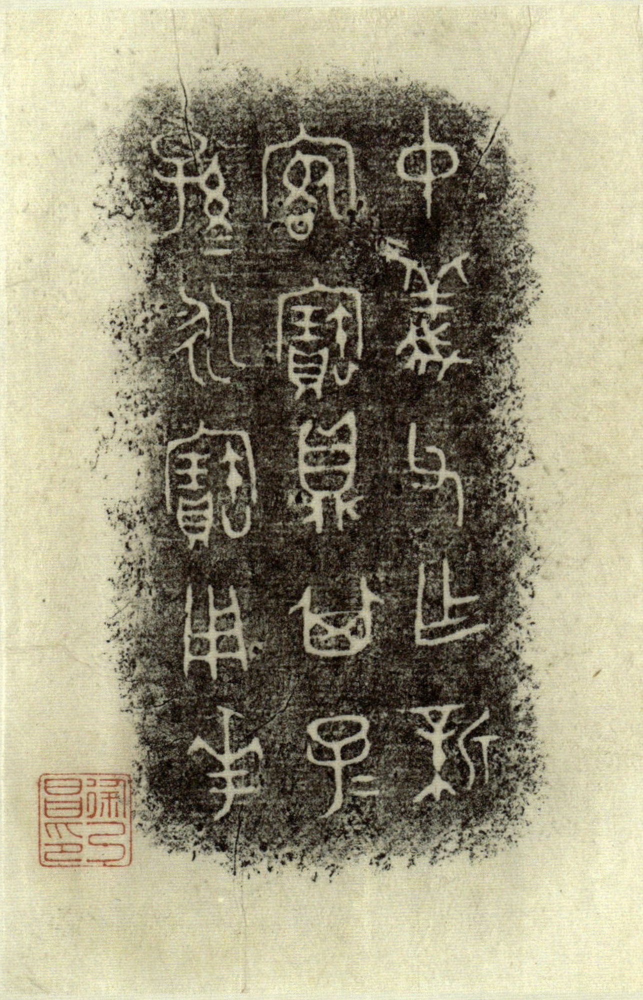

西周晚期　仲義父客鼎乙

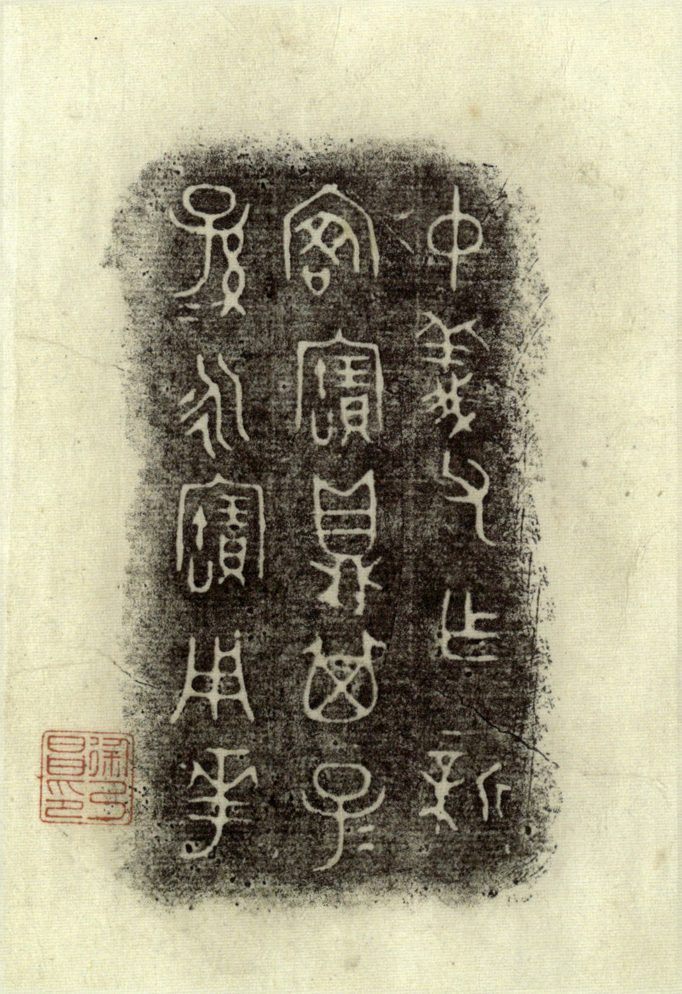

西周晚期　仲義父客鼎丙

西周晚期　應公鼎甲

西周晚期　應公鼎乙

商晚期　□父癸（未知器）

商晚期　天黽父乙角

西周早期　衰鼎

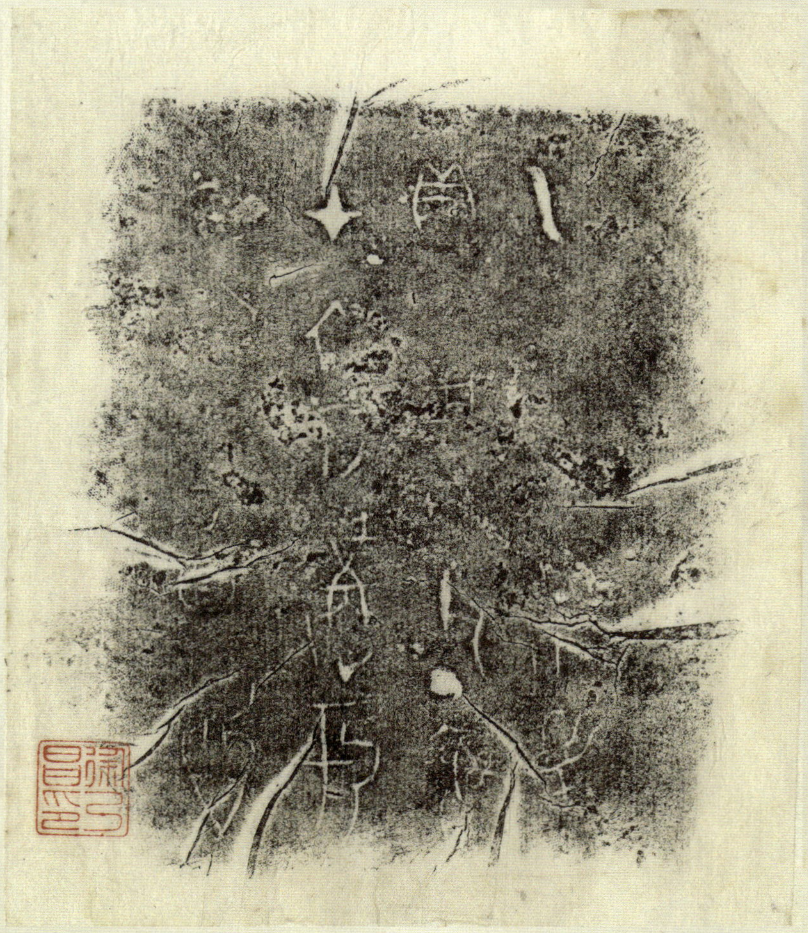

商晚期　父丁鼎

商晚期　□父乙鼎

西周早期　遽從鼎甲

春秋早期　芮子仲殿鼎

西周晚期　仲義父作尊鼎

西周早期　遽從鼎乙

西周早期　遽從鼎丙

商晚期　祖丁巫鼎

未知器

西周晚期　未知器

商晚期　子父辛觶

商晚期　□父辛（未知器）

西周早期 伯魚簋

西周中期 伯旂鼎

商晚期 父□鼎

商晚期 □鼎

商晚期 □父辛鼎

商晚期 戈鼎

商晚期 酉鼎

商晚期 □鼎

商晚期　册册父乙鼎

歙縣程氏鐘鼎彝器款識

第二冊

春秋早期　鑄公簠（蓋）

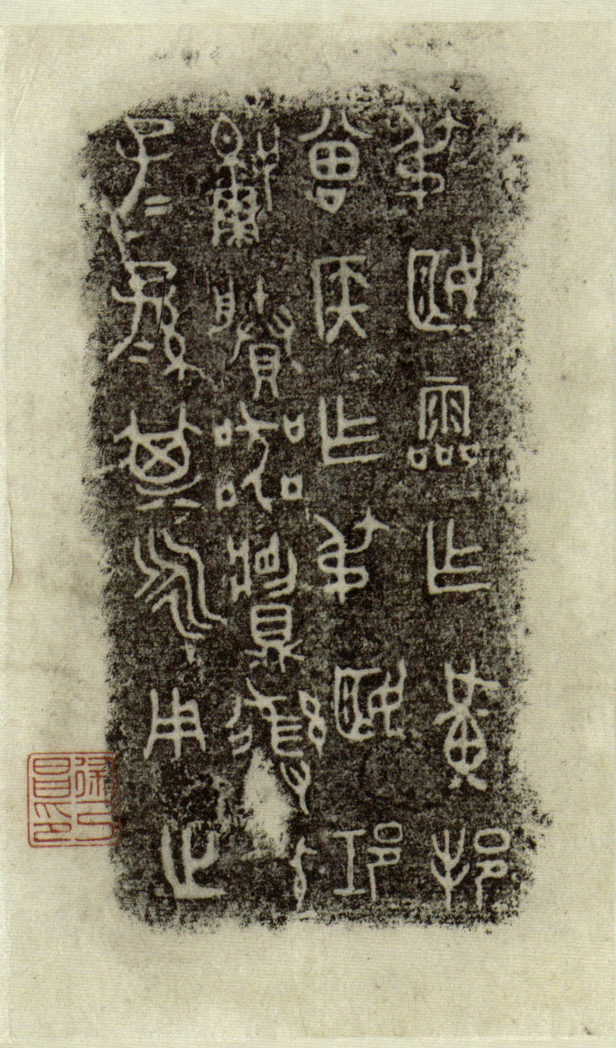

春秋晚期　叔姬霝簠

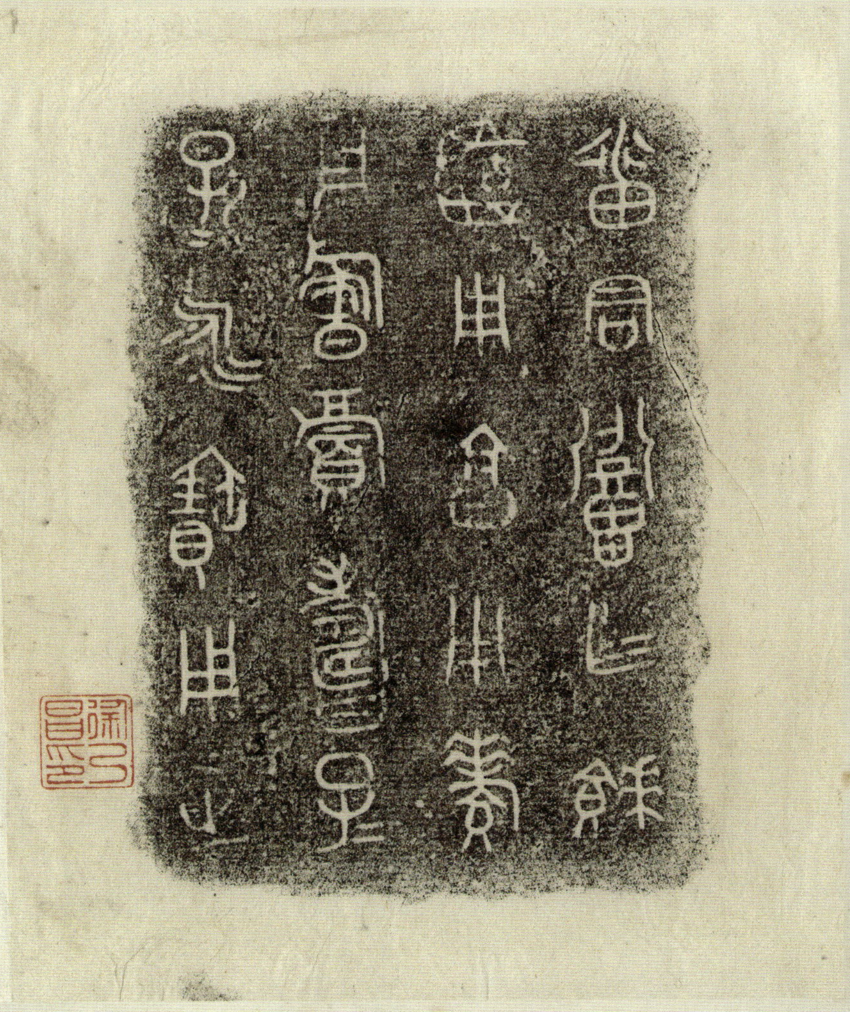

春秋中期　番君召簠

春秋早期　旅虎簠甲

春秋早期　旅虎簠乙

春秋早期　山奢虎簠（蓋）

春秋早期　山奢虎簠（器）

春秋早期　曾子屖簠甲（器）

春秋早期　曾子屒簠甲（蓋）

春秋早期　曾子㞒簠乙（蓋）

春秋早期　曾子屖簠丁（器）

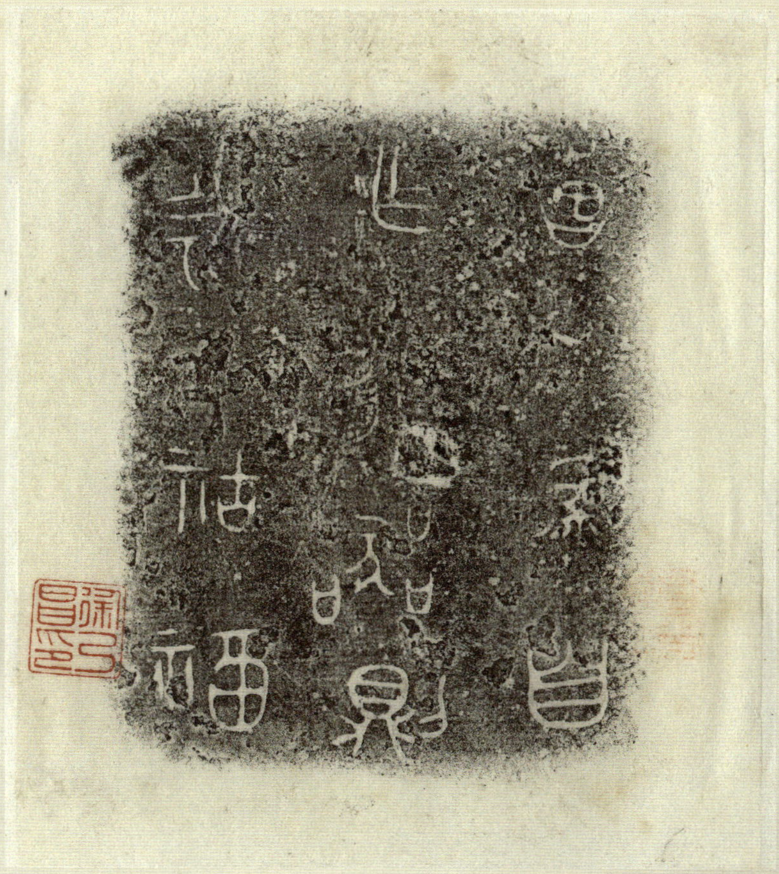

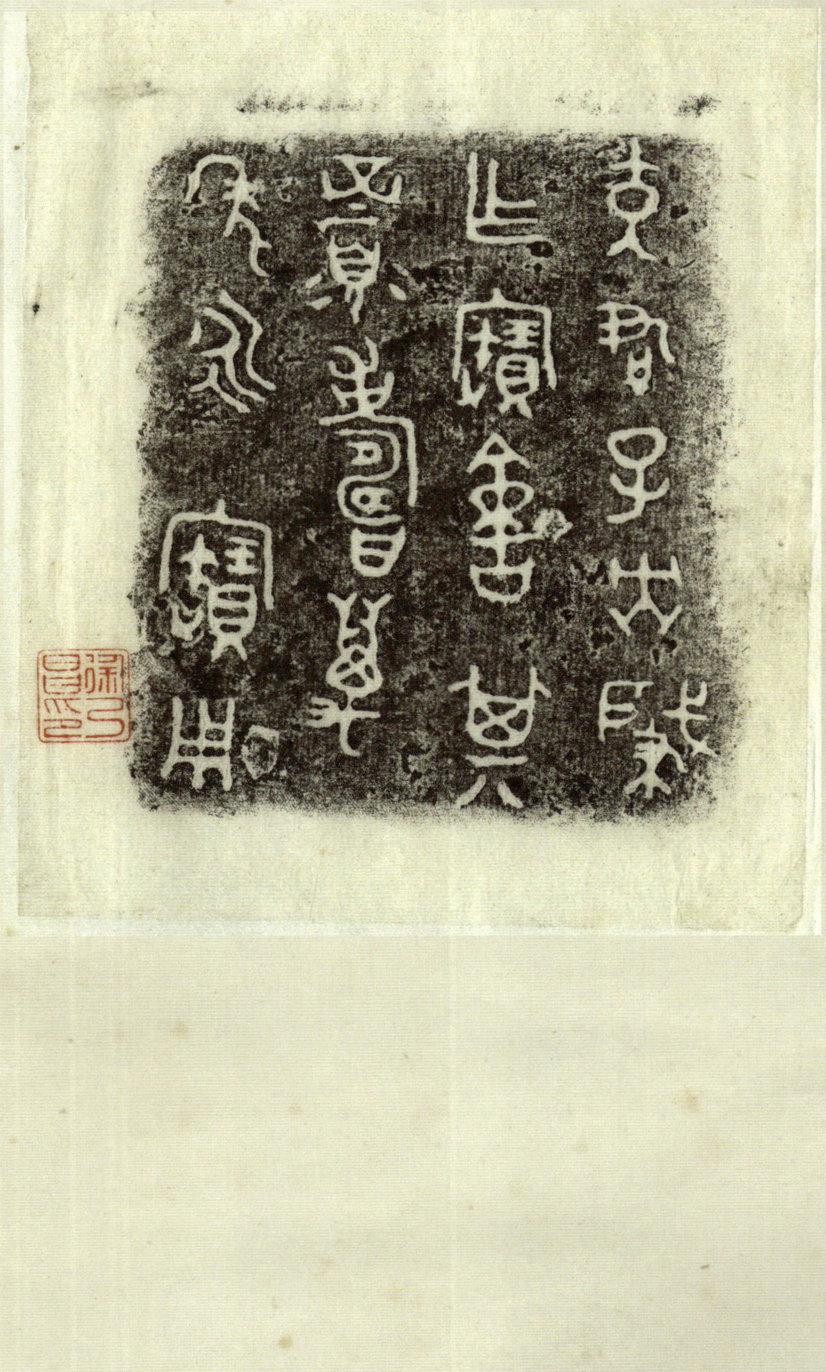

西周晚期　交君子叕簠甲

西周晚期 交君子叕簠乙

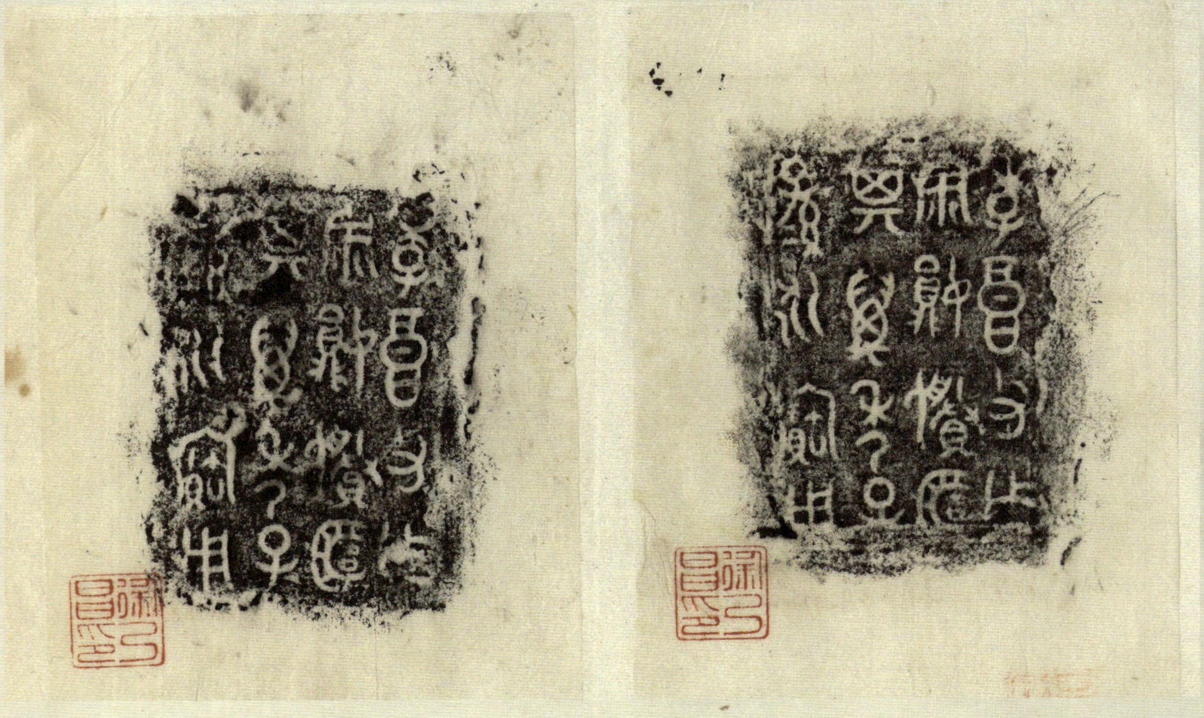

西周晚期　季良父簋甲（蓋、器）

春秋晚期　曾子遡簠

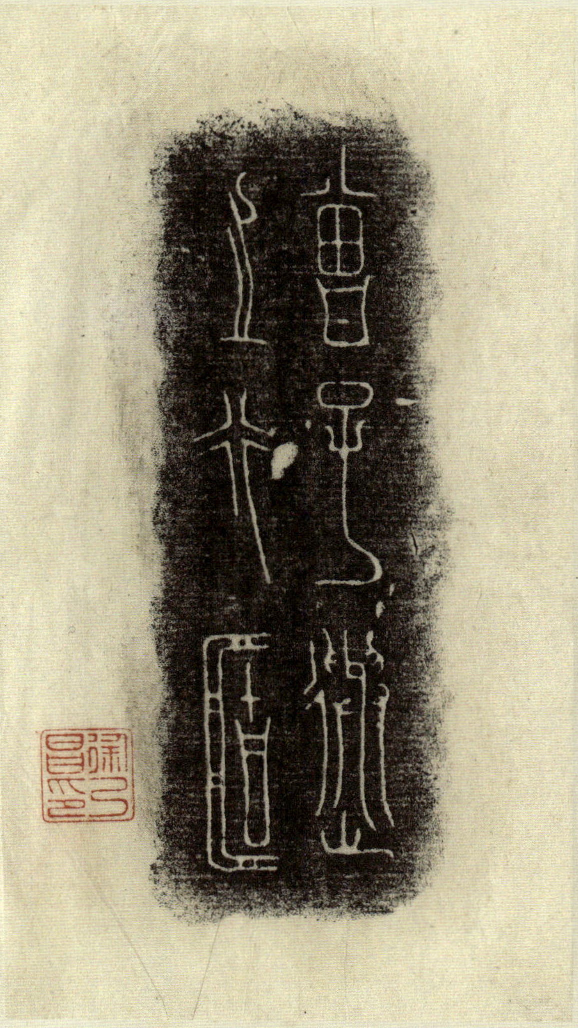

西周晚期　季宫父簠

西周晚期　季良父簠乙

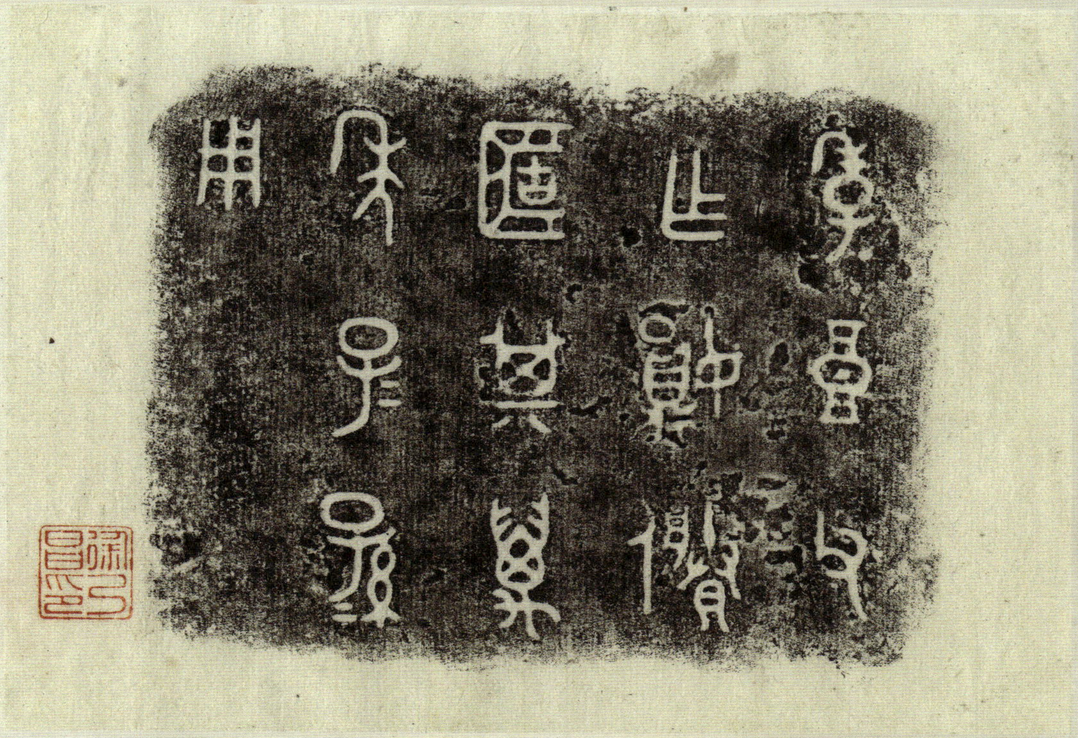

春秋早期　伯旟魚父簠

春秋早期　召叔山父簠

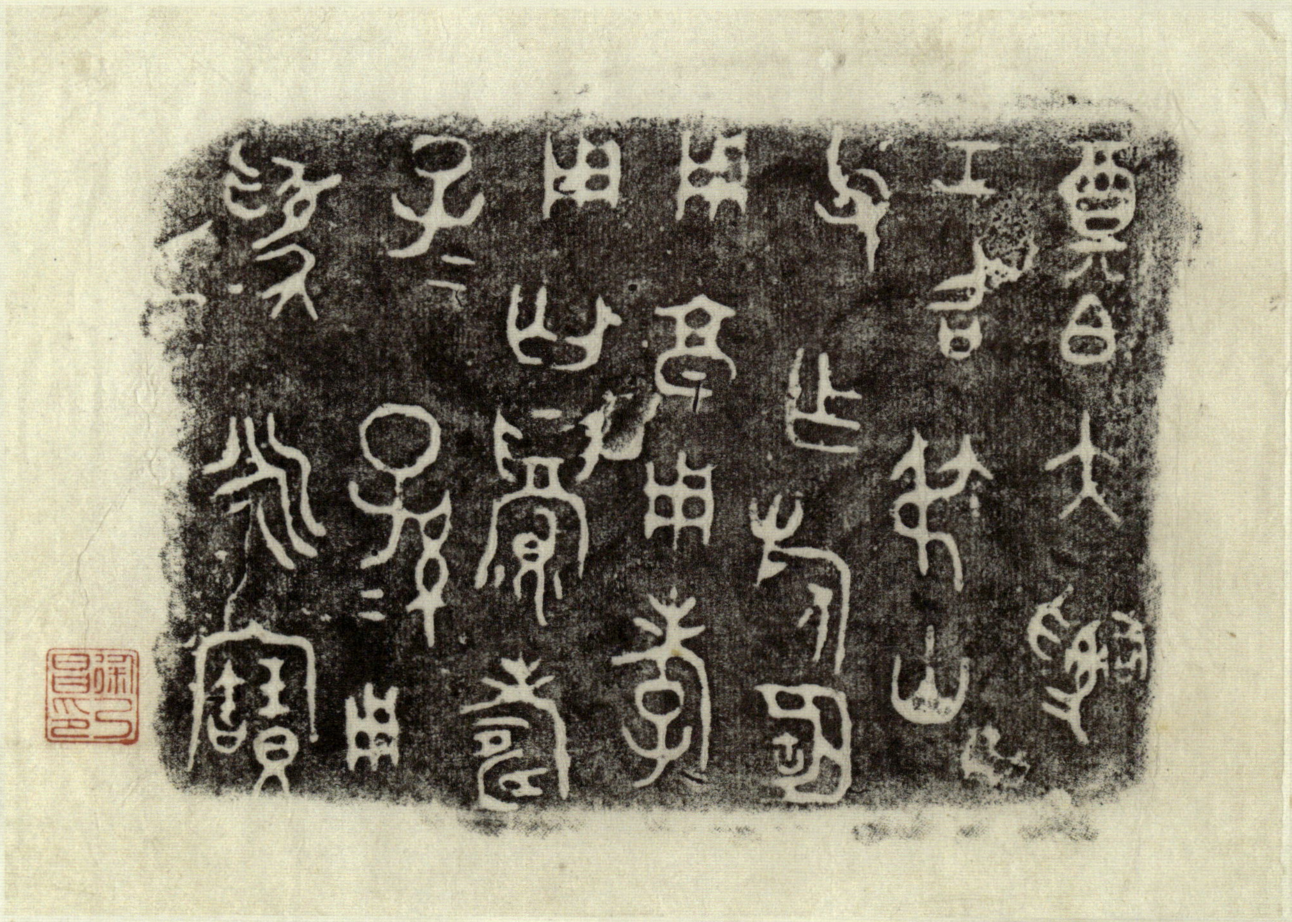

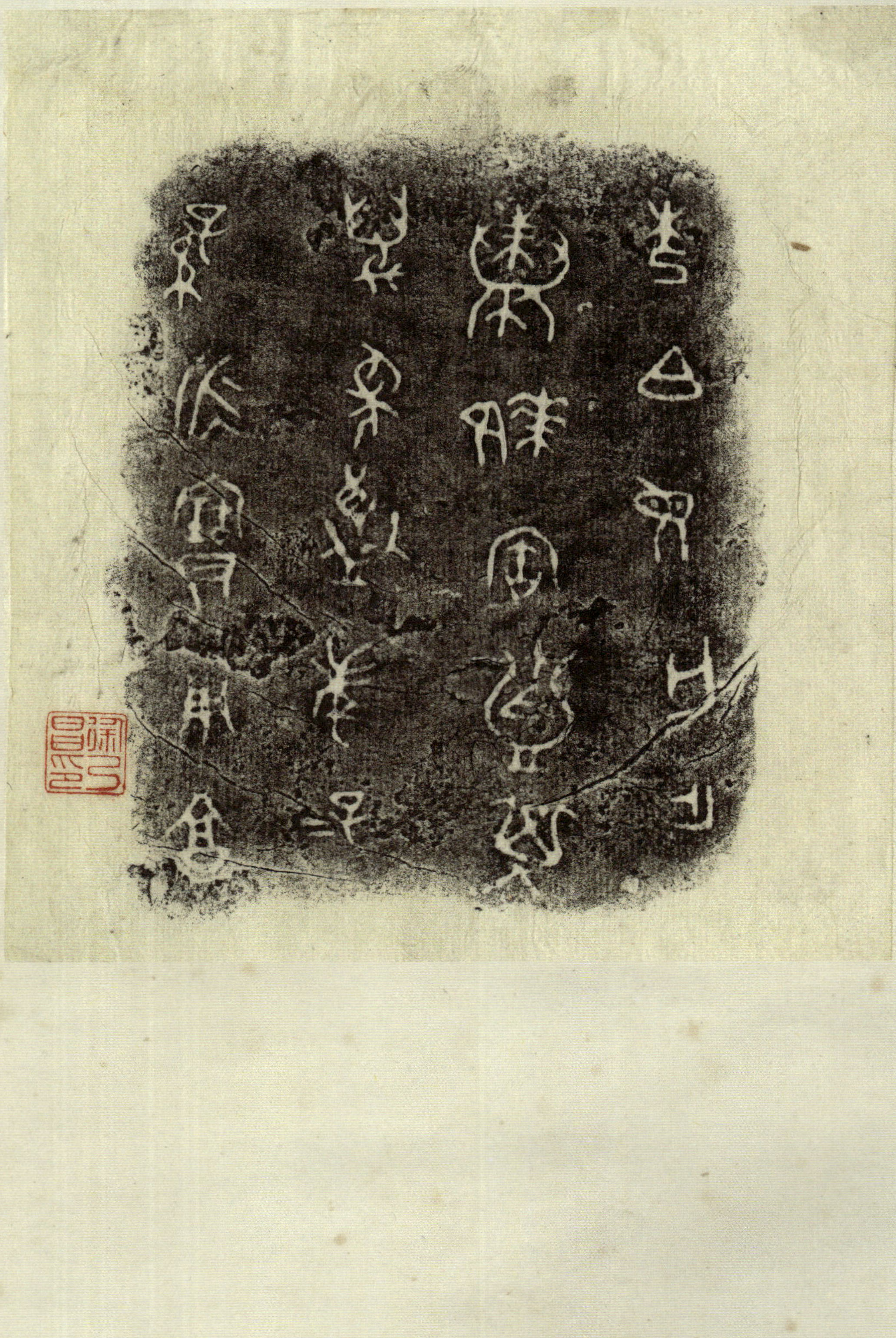

西周晚期　杞伯壺

西周中期　𢾅孟延盨甲

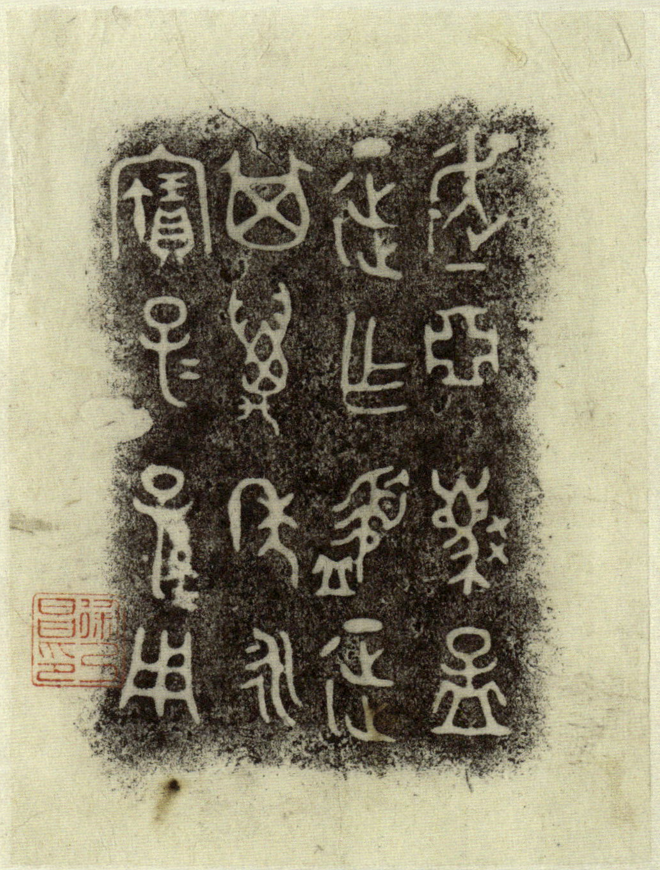

西周中期 ⿰豦攵孟延盨乙

西周晚期 食仲走父盨（蓋、器）

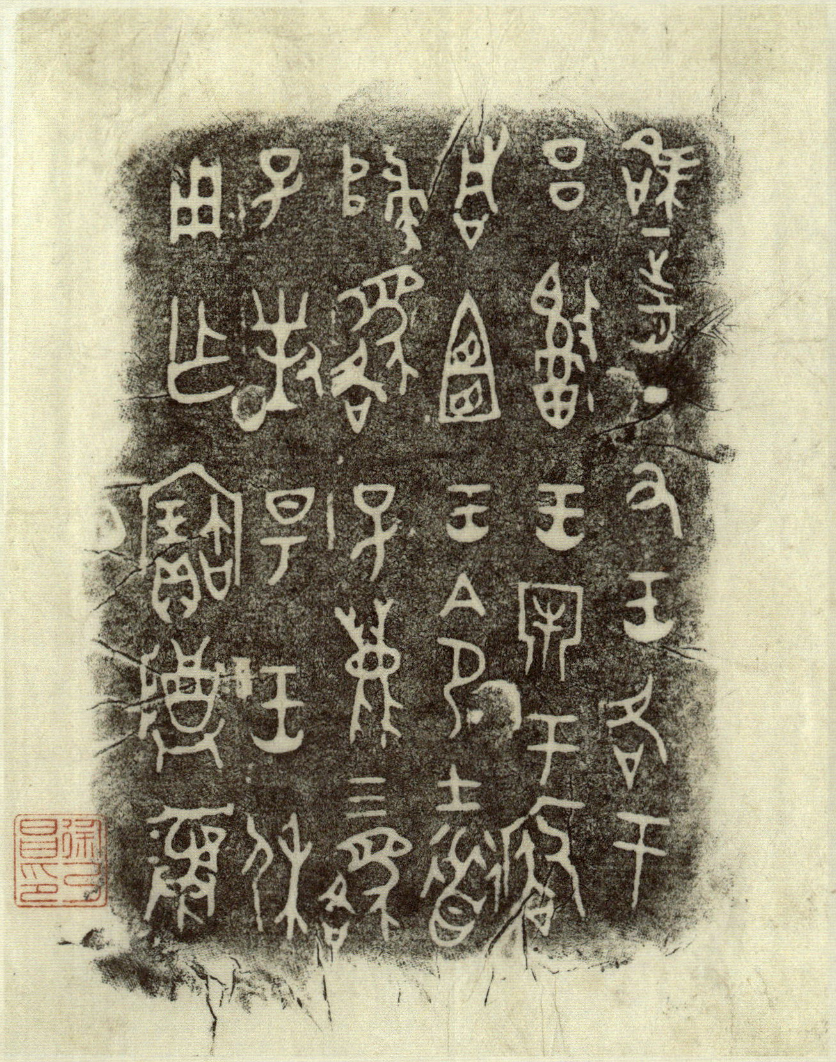

西周早期　貉子卣（蓋）

西周早期　貉子卣（器）

西周晚期　叔賓父盨

西周早期 伯睘卣（蓋、器）

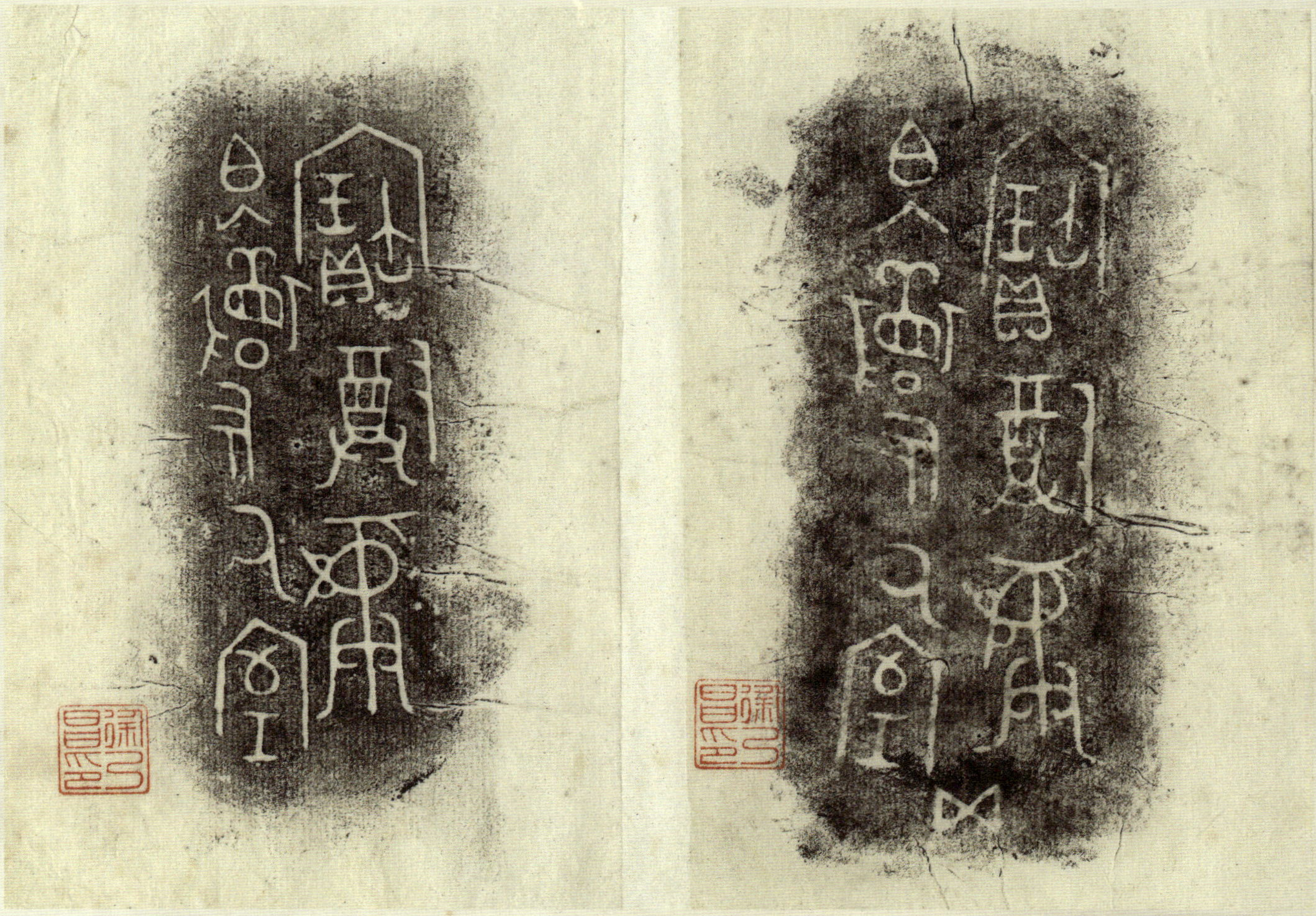

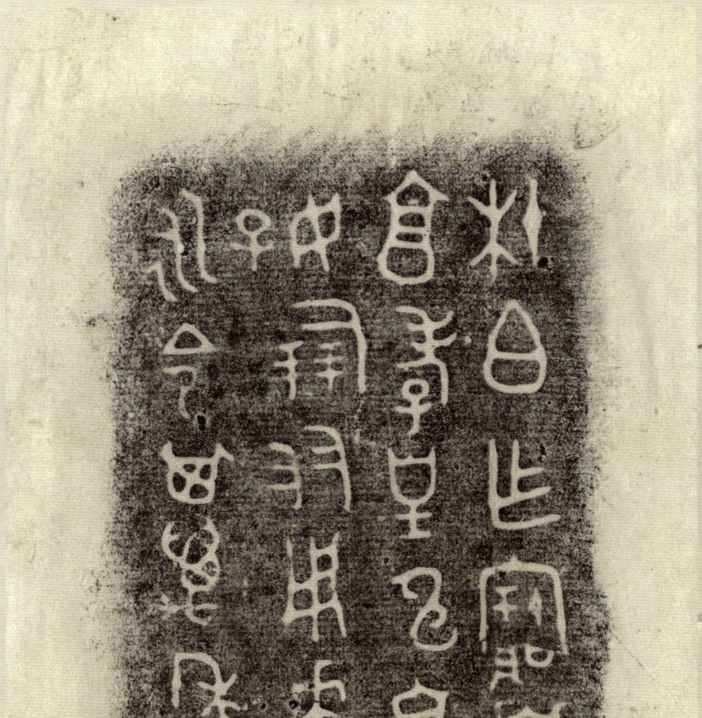

西周晚期 杜伯盨（蓋）

西周晚期　杜伯盨（器）

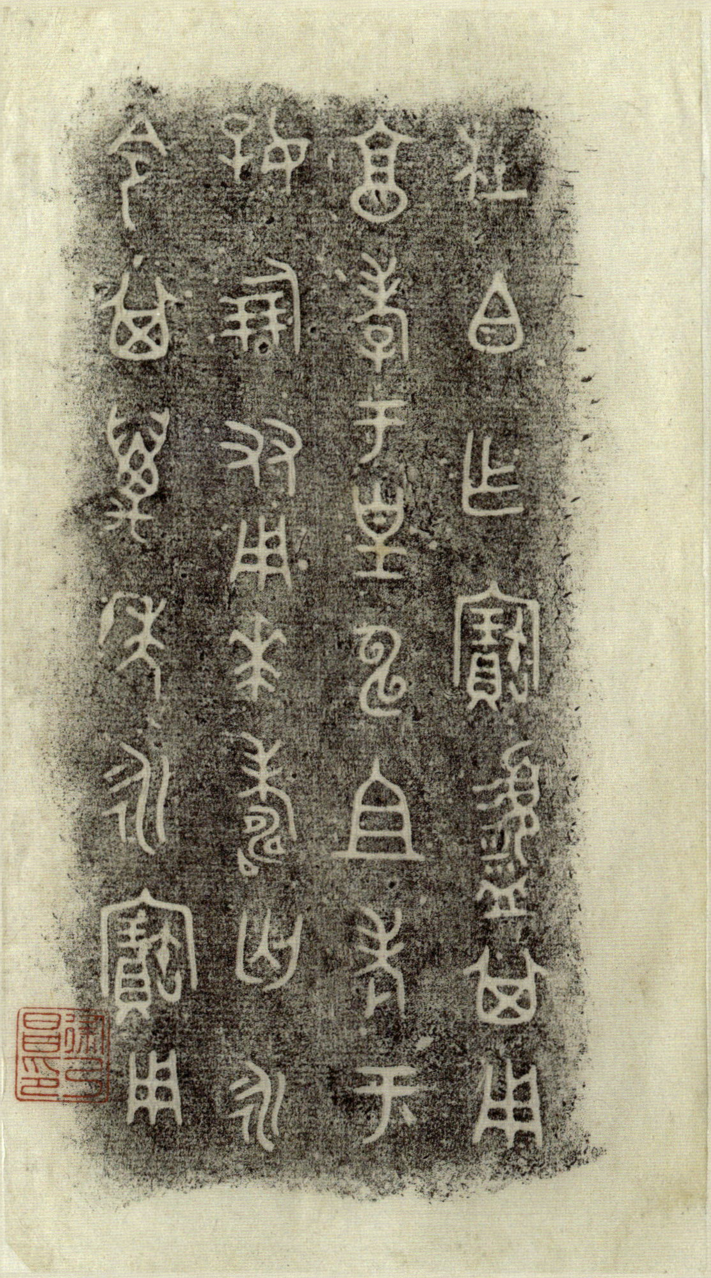

西周中期　荀伯大父盨（蓋）

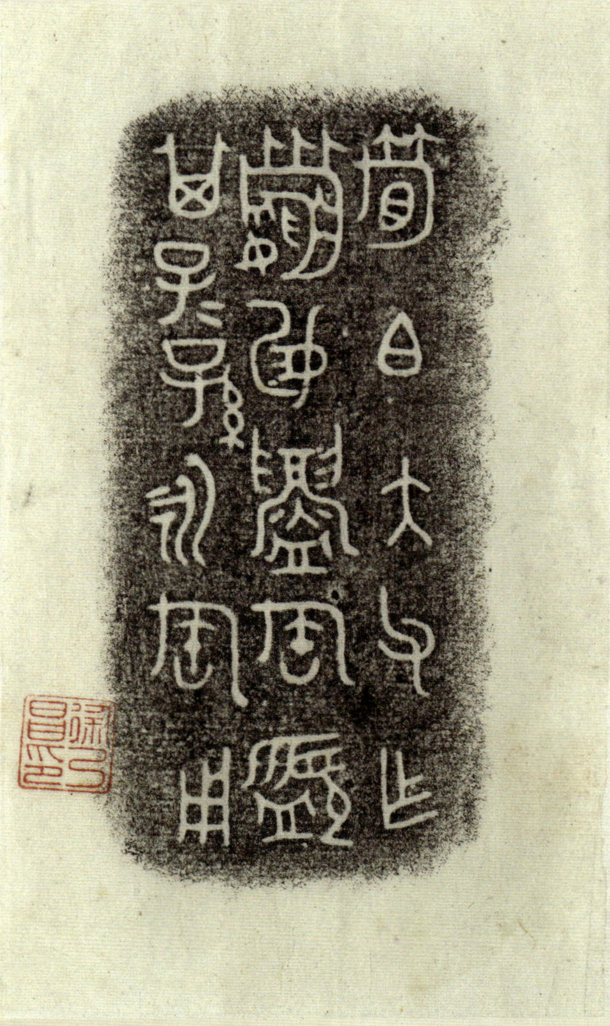

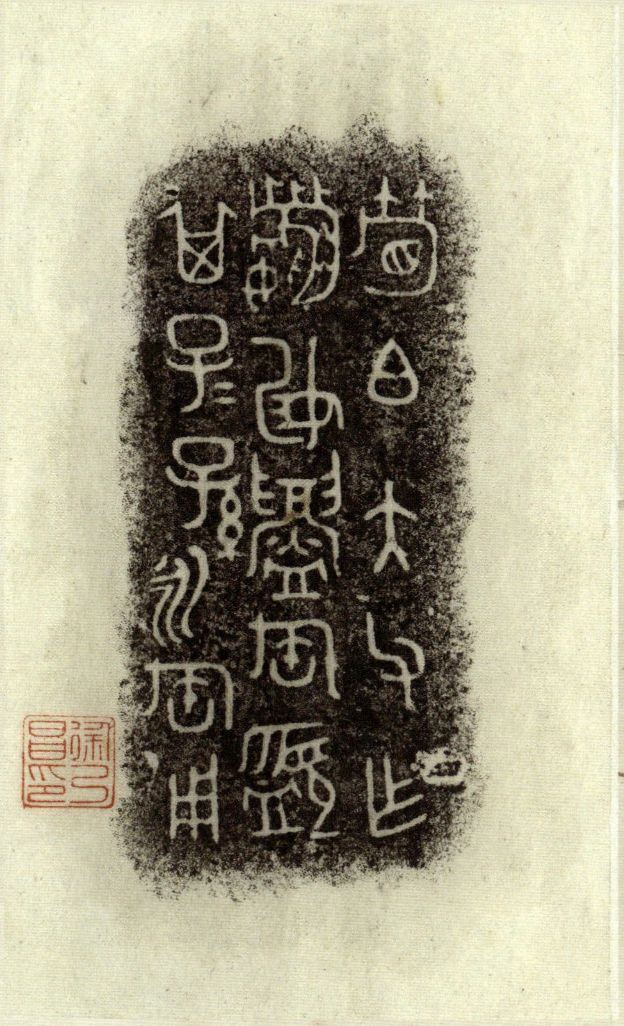

西周中期　荀伯大父盨（器）

商晚期 丁卣

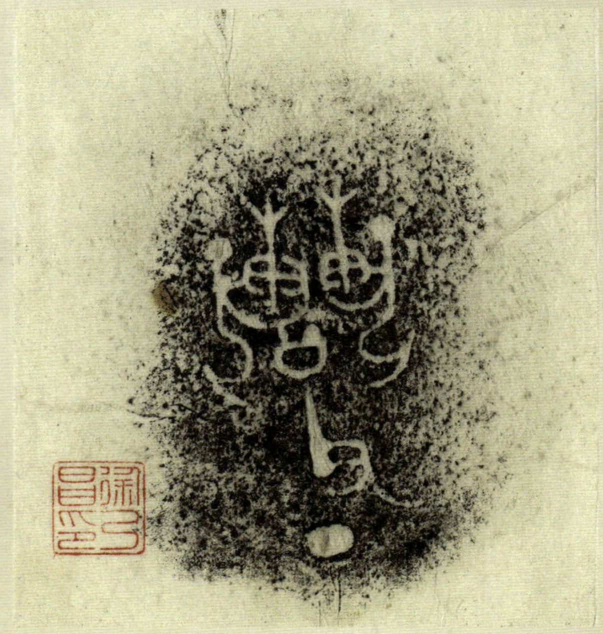

商晚期 埶公父丁卣

商晚期 魚父乙卣甲

商晚期 魚父乙卣乙

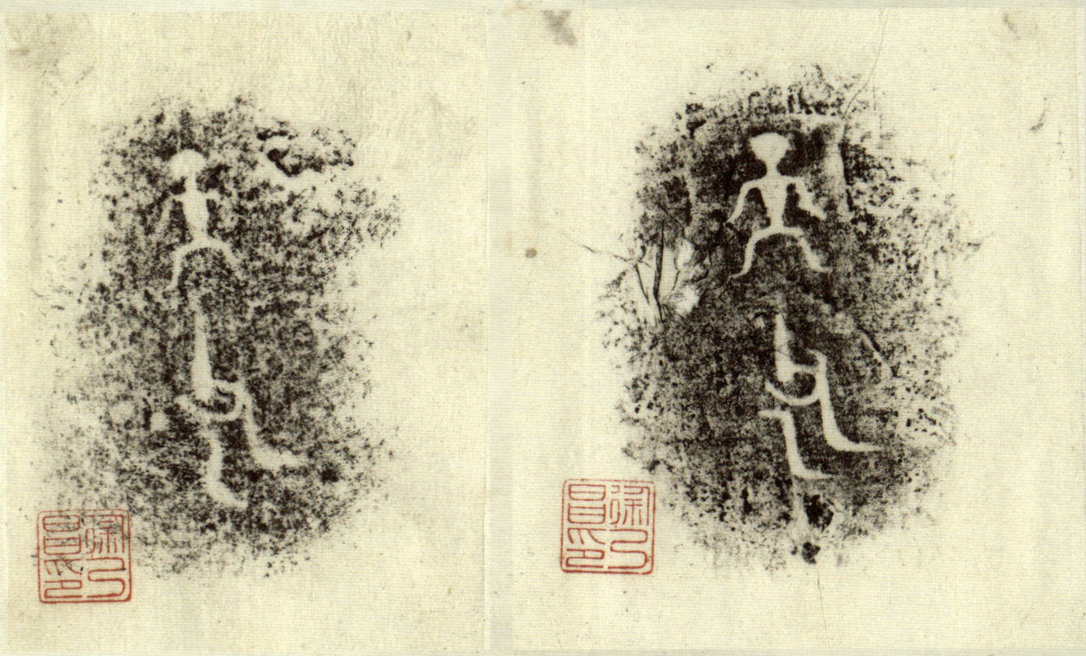

商晚期　天父乙卣

商晚期 旂卣（蓋、器）

西周晚期　仲駒簋甲（蓋）

西周晚期　仲姜簋（蓋、器）

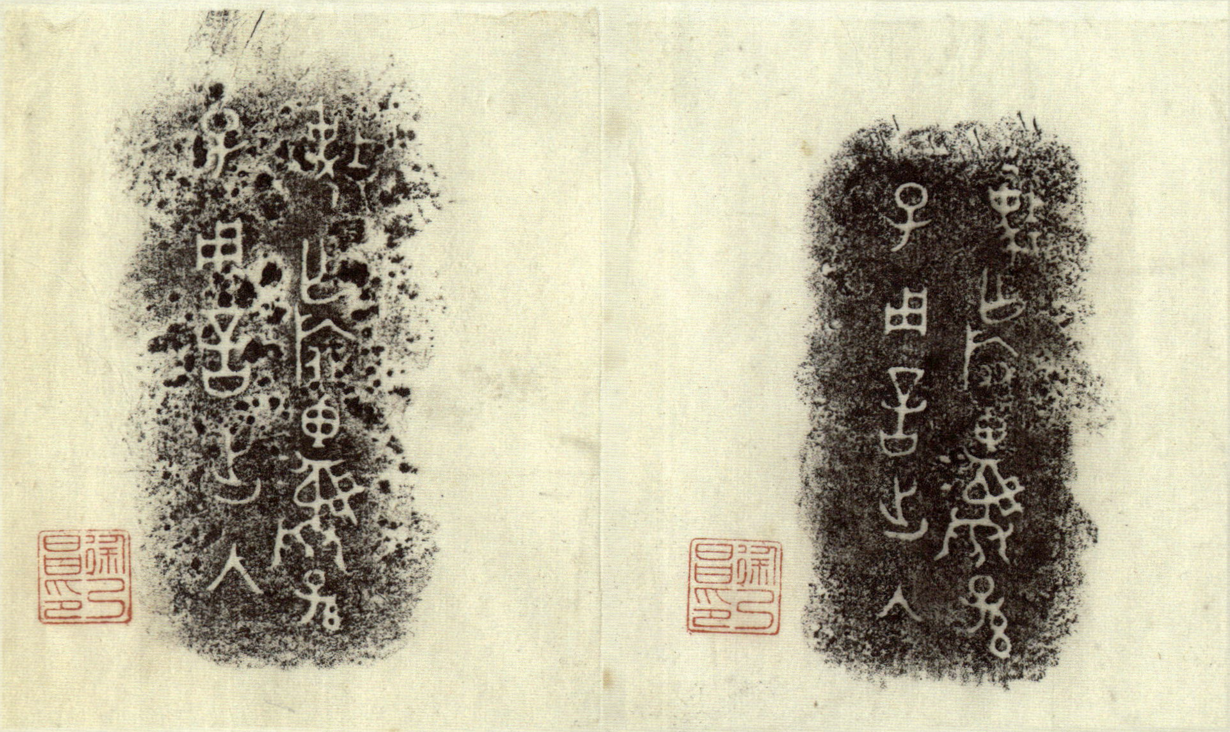

西周早期 魰卣（蓋、器）

商晚期 婦闞卣（蓋、器）

西周早期 遣卣甲（蓋）

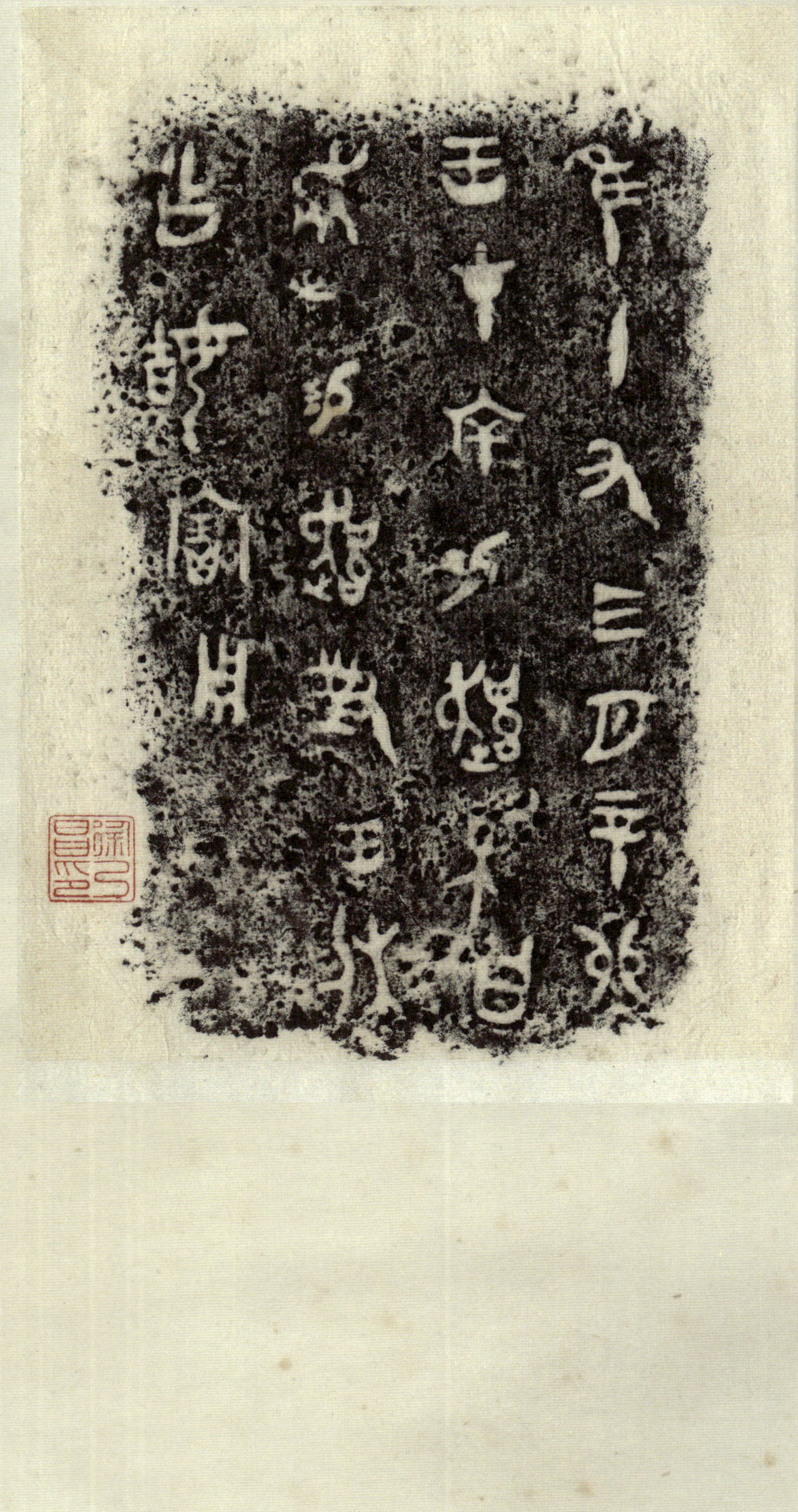

西周早期　遣卣甲（蓋）

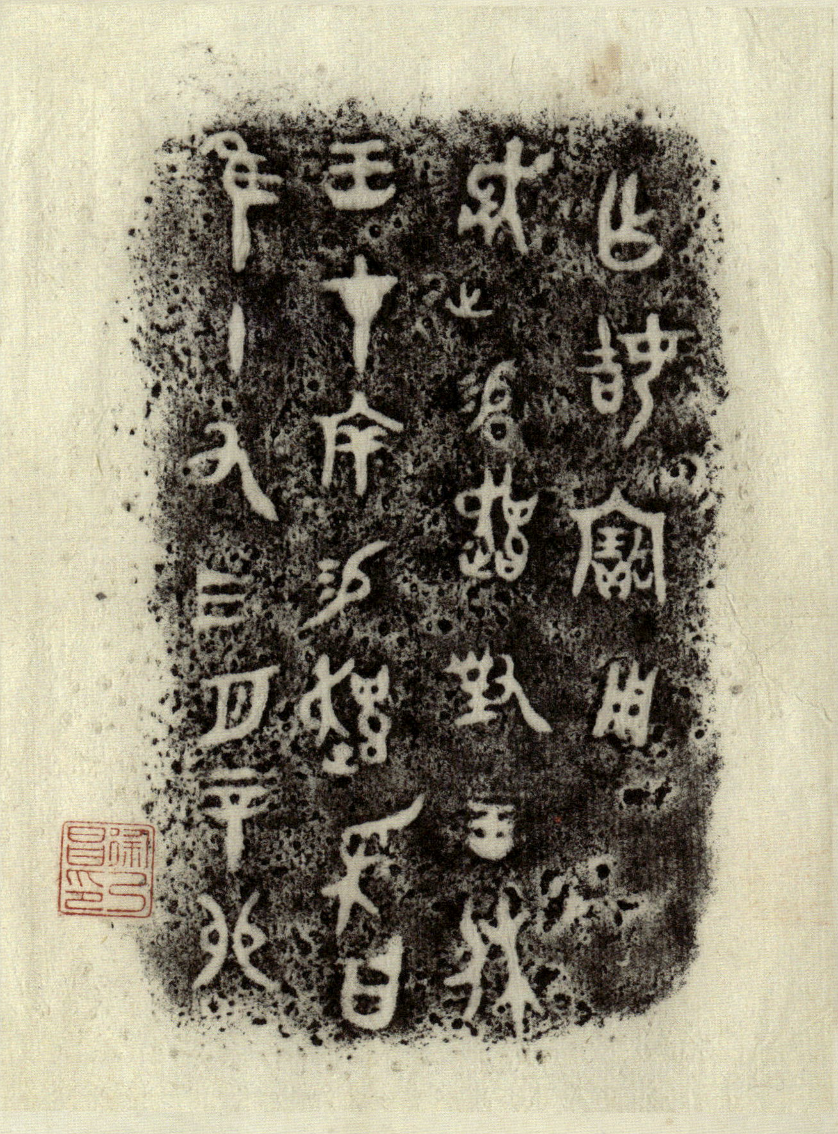

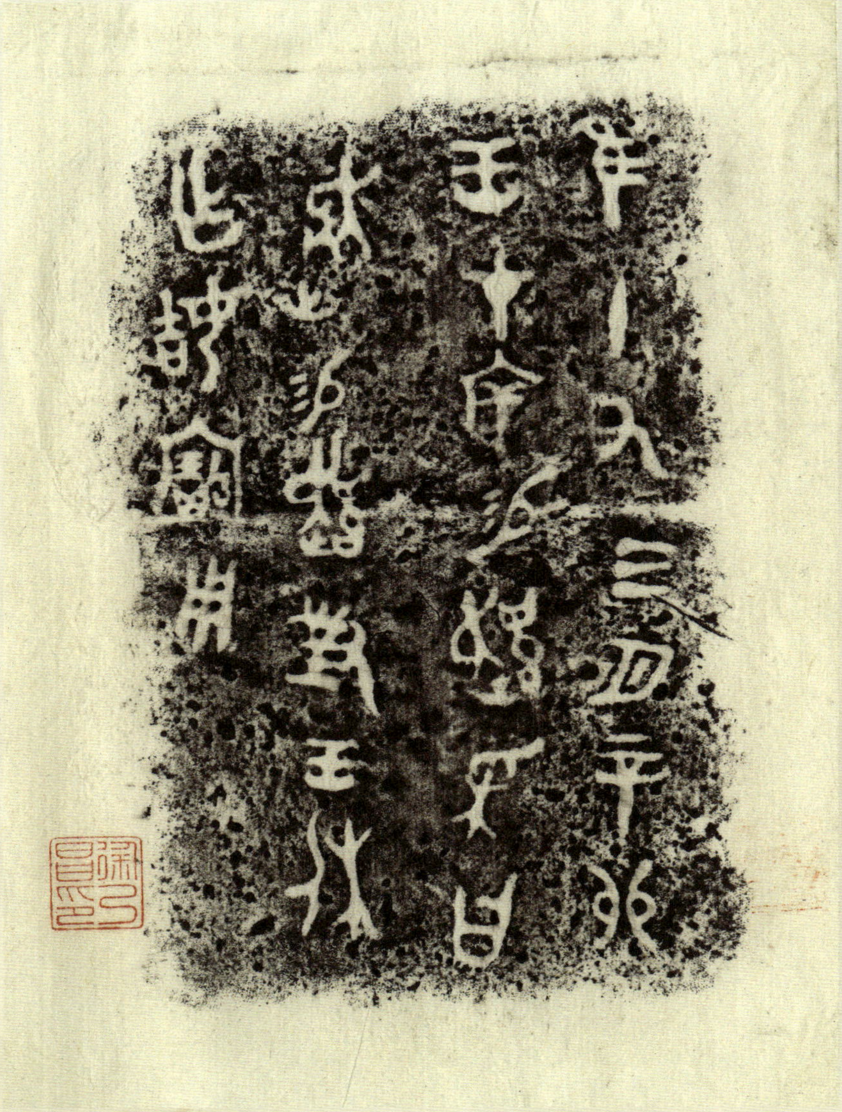

西周早期　遣卣乙（蓋）

西周早期　遣卣乙（器）

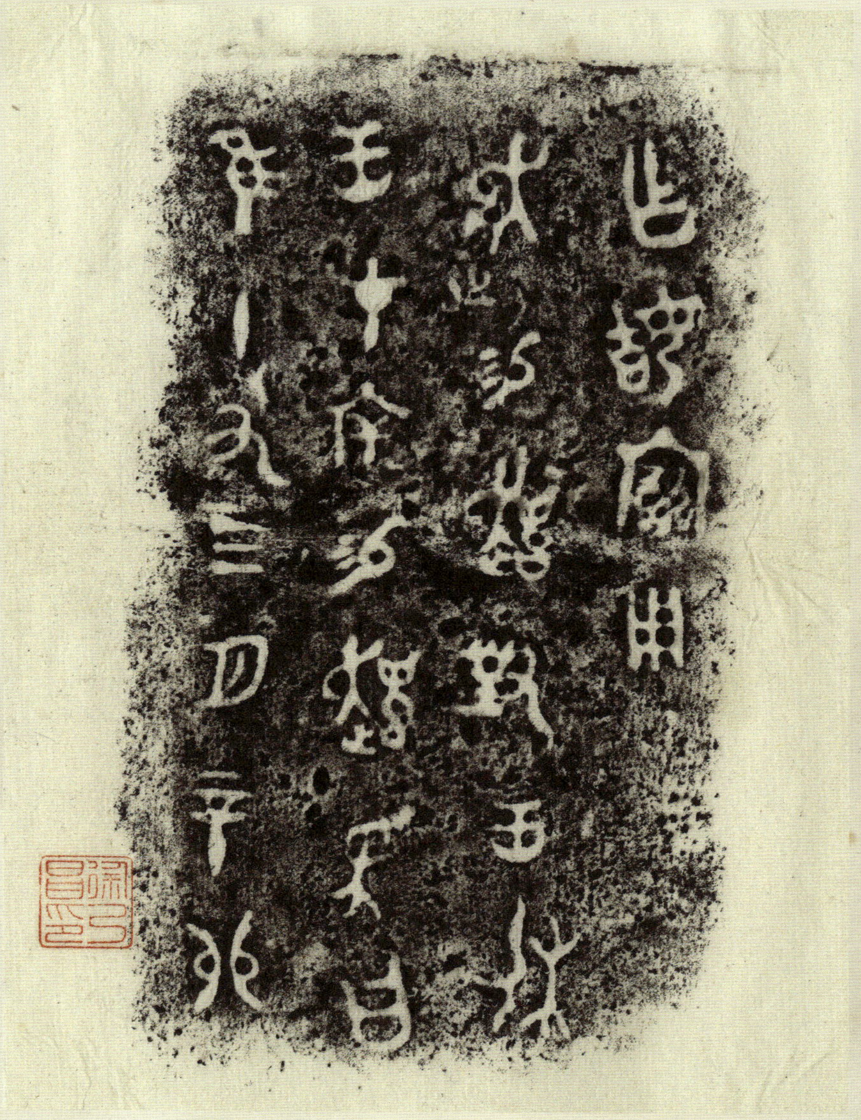

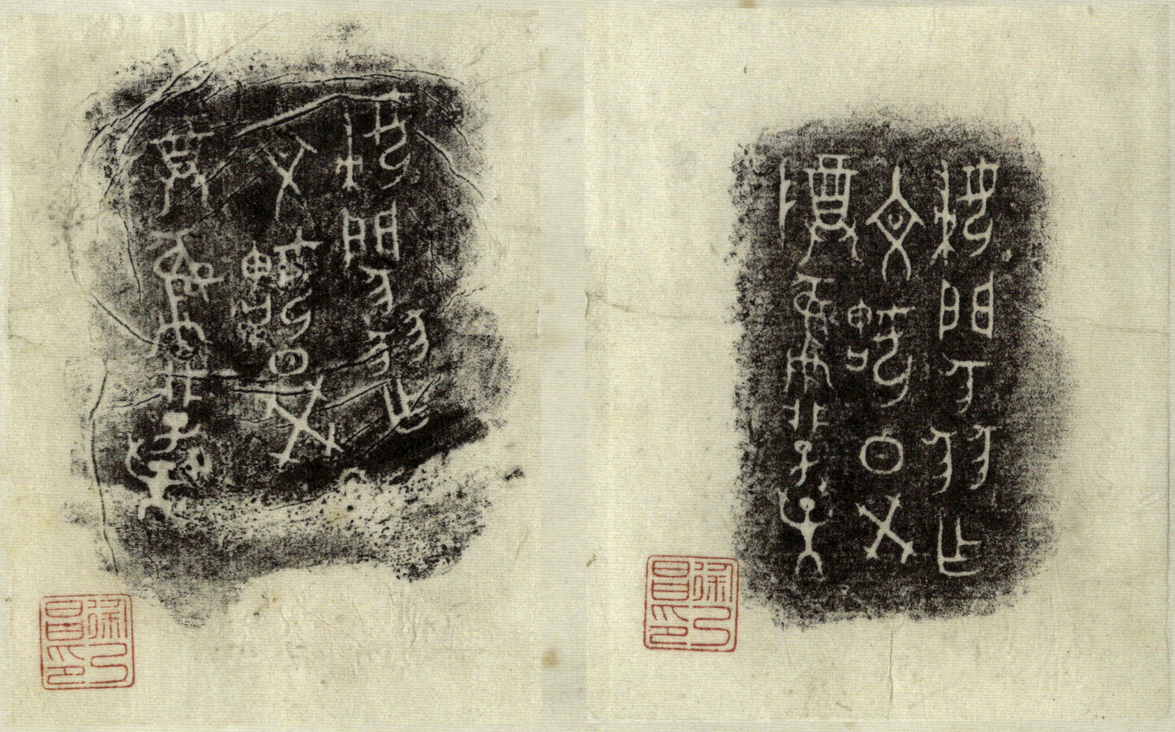

商晚期　婦闕罍（蓋、器）

西周晚期　仲駒簋乙（蓋、器）

西周早期　後仲鼎

春秋早期　右走馬嘉壺

西周　嘉禮壺尊（宋倣）

西周晚期　邾仲罍

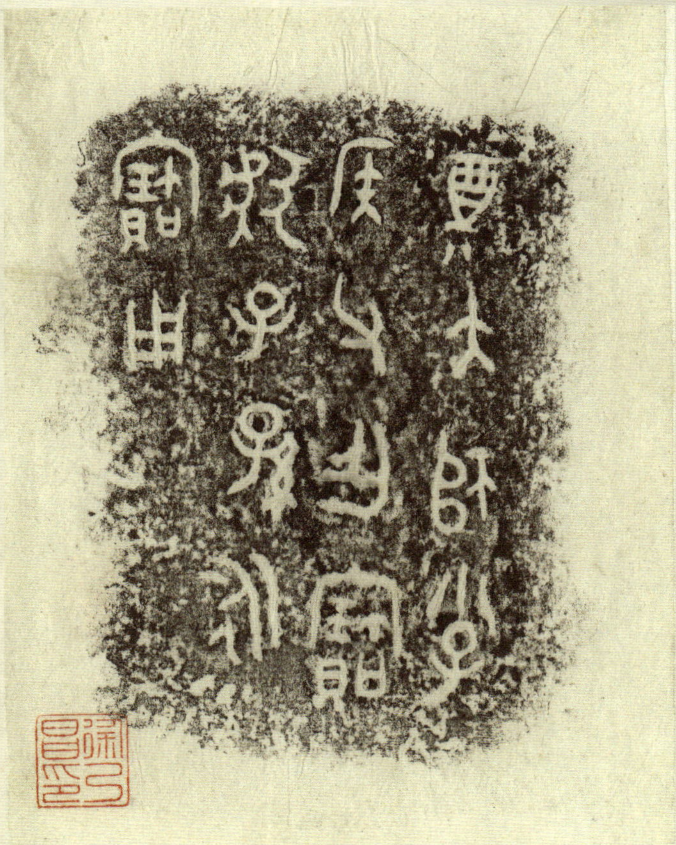

西周晚期　鄭太師小子侯父甗

西周　蔑伯皇父鼎

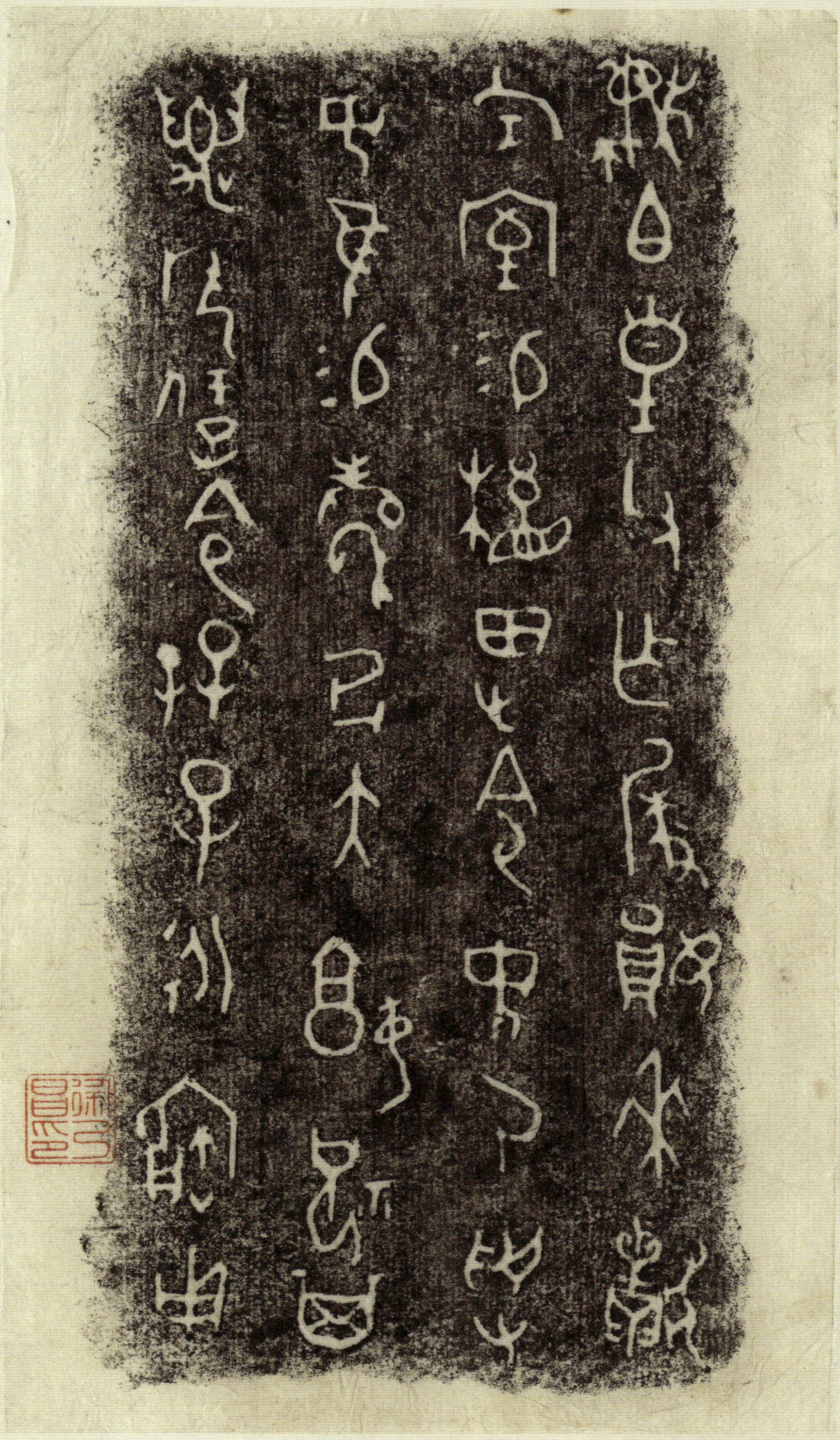

商晚期 婦聿卣（蓋）

西周晚期　旅作父庚盨（蓋、器）

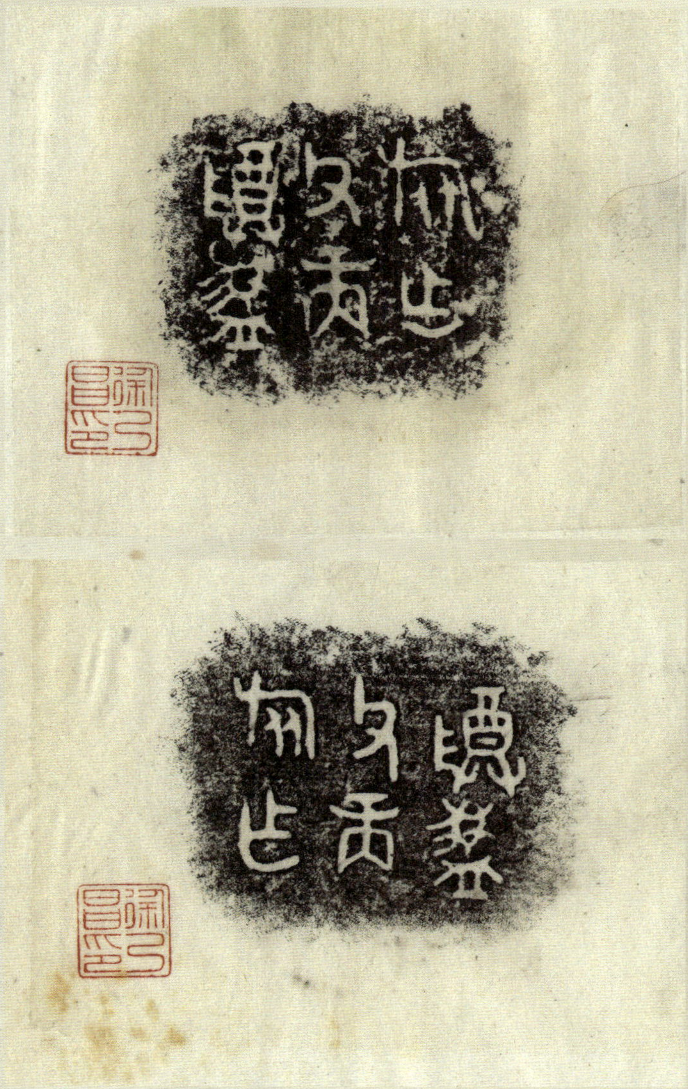

商晚期　聿舟作兄丁尊彝

商晚期　箙参父乙盉

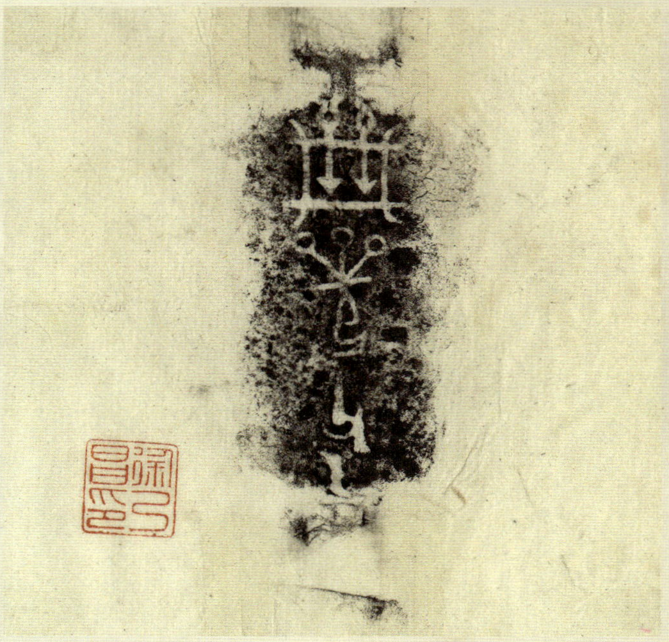

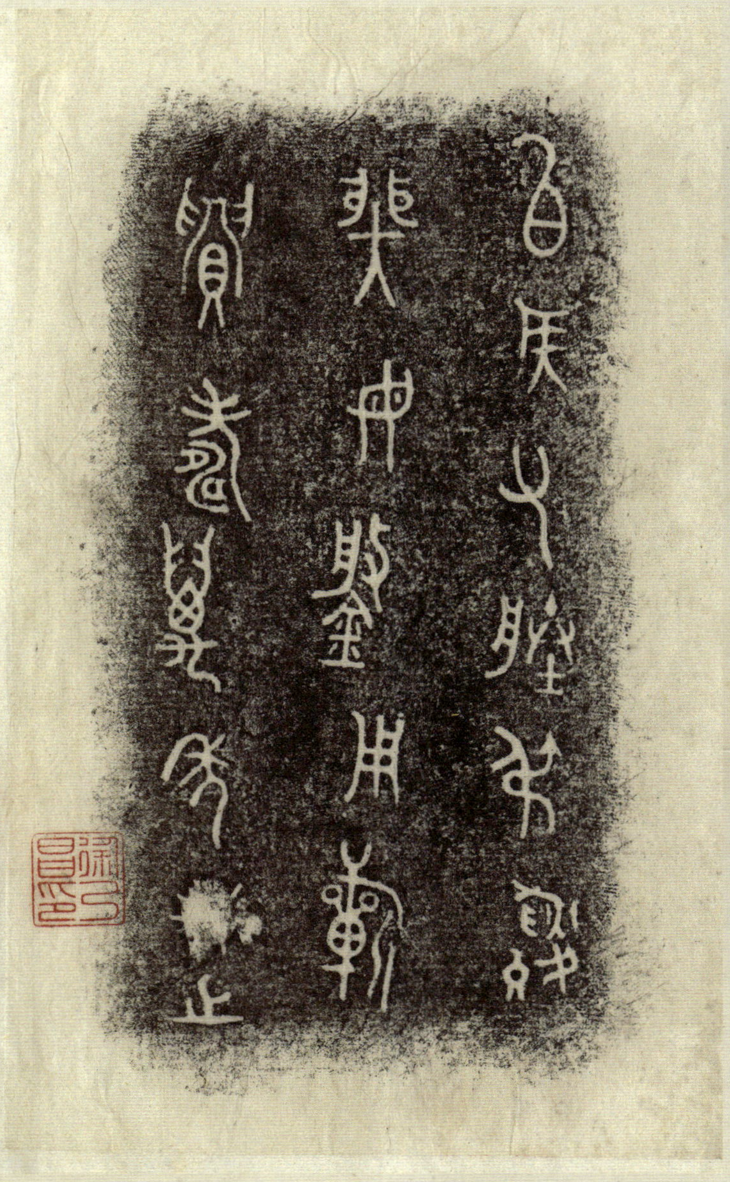

西周晚期　伯侯父盤

西周中期 德盤

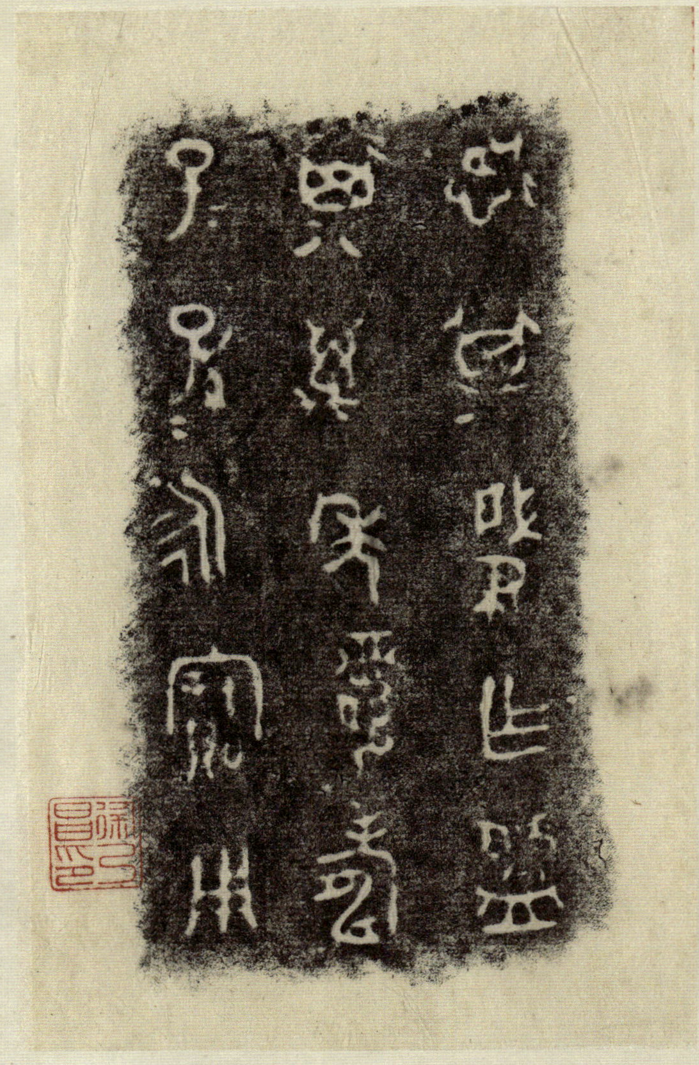

西周晚期　鄭羌伯鬲

春秋早期　番君鬲

西周晚期　魯侯鬲

西周中期　説盤

西周中期 𦘦鬲

春秋早期　黃中鬲

西周晚期　仲姞鬲

歙縣程氏鐘鼎彝器款識

第三冊

商晚期　亞弜父丁斝

商晚期　亞弜父丁爵

商晚期　父癸爵

商晚期　癸旻作考戊爵

商晚期　盥□爵

商晚期 毌（毋）偁父癸爵

商晚期 □父乙爵

商晚期　□子爵

商晚期　禾冈从爵

商晚期 天□爵

商晚期 大丁□父丁爵

商晚期　夋矢父戊爵

商晚期　正元十爵

商晚期　天山父爵

商晚期　□父丁爵

商晚期 ◇口父戊爵

商晚期 集父癸爵

商晚期　父丁爵

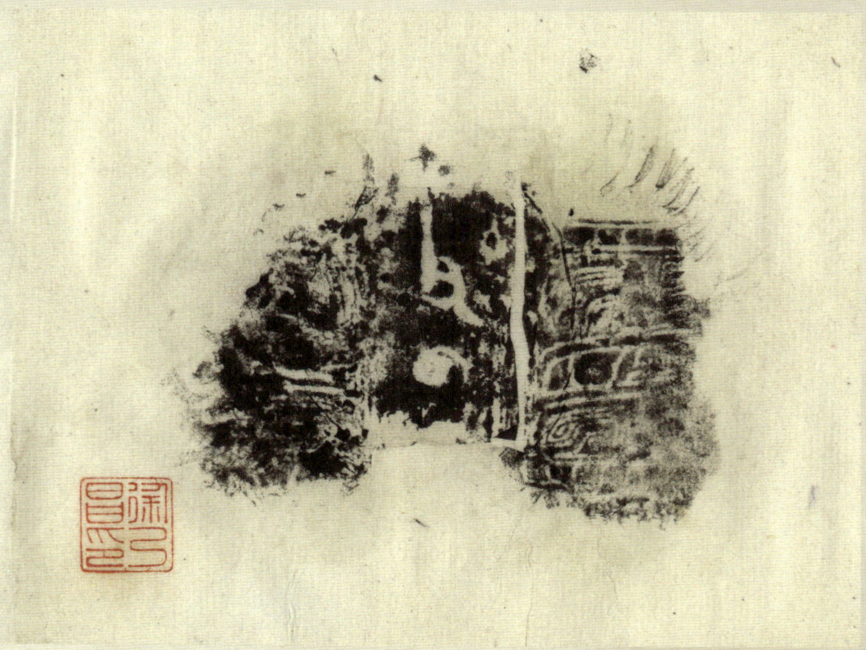

商晚期　倗祖癸爵

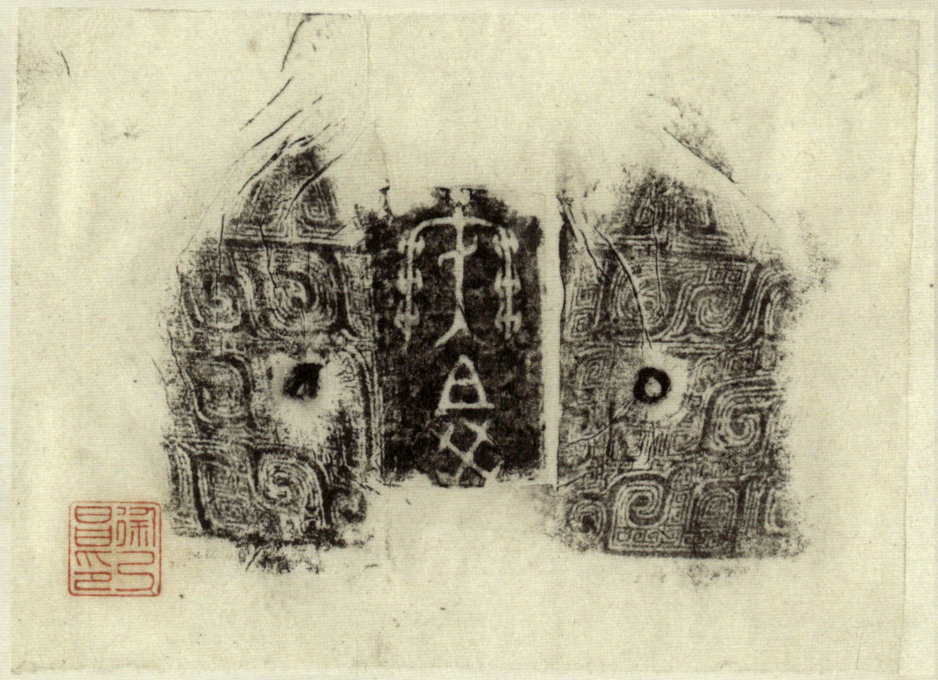

商晚期 聿史口爵

商晚期 山丁爵

商晚期 皿父丁爵

商晚期 徙父癸爵

商晚期 ☐爵甲

商晚期 ☐爵乙

商晚期　口爵

商晚期　黽爵

商晚期 □爵

商晚期 □爵

商晚期　⿸广戚圖卣

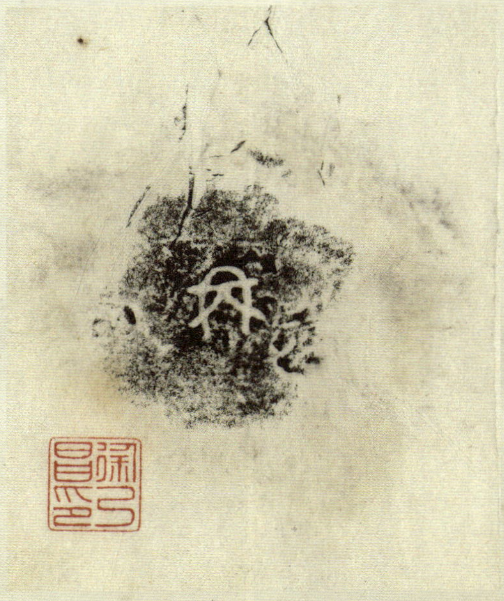

商晚期　冉爵

商晚期　埶爵

商晚期　史爵

商晚期　父辛尊

商晚期　祖辛尊

商晚期　母父丁尊

商晚期　□子□父丁爵

西周早期　作父丁尊

未知器

商晚期 册尊

商晚期 父癸尊

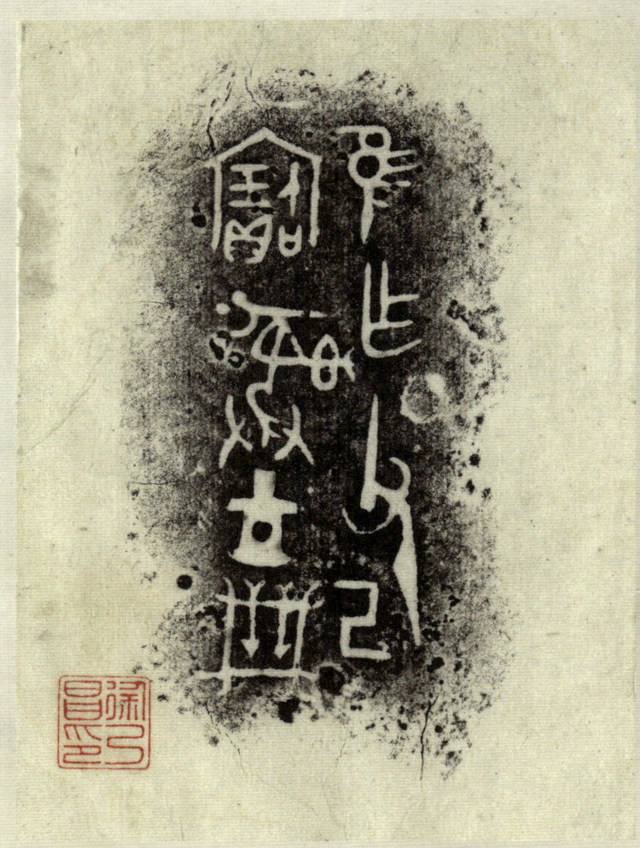

商晚期　隹作父己尊

歙縣程氏鐘泉彝器款識

第四冊

商晚期　虎罍

戰國早期　子禾子釜

戰國早期　陳純釜

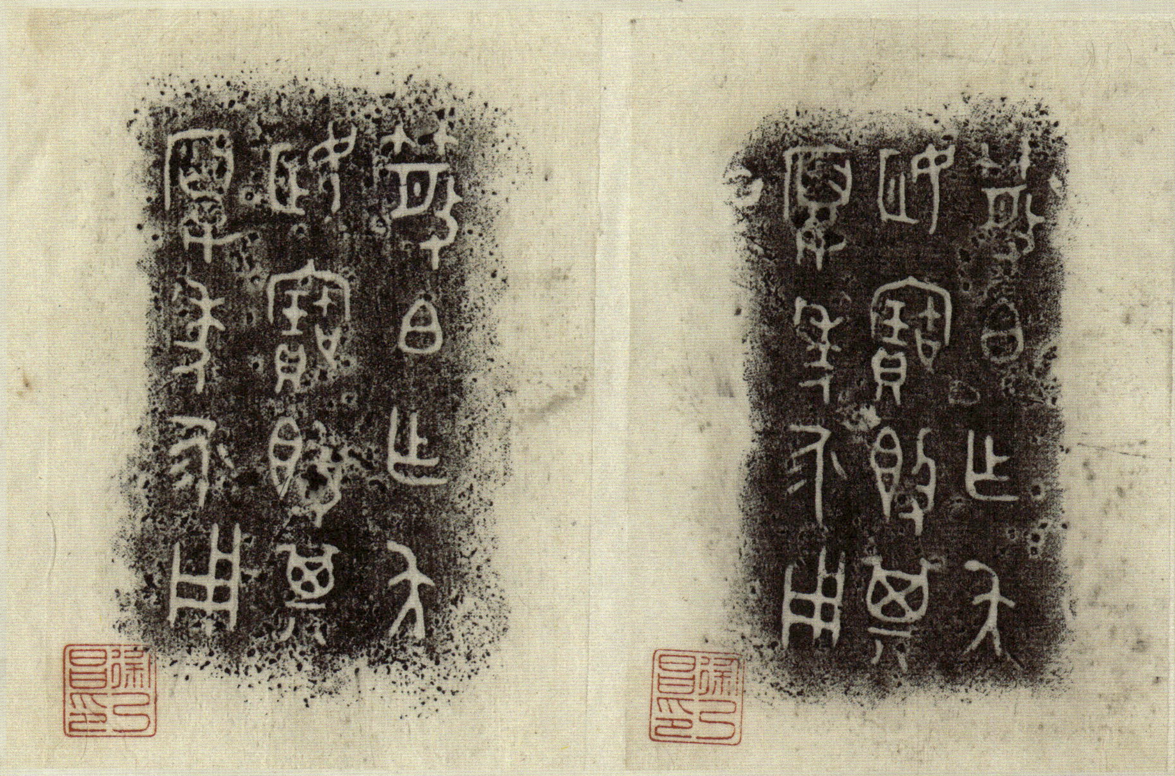

西周晚期 散伯簋甲（蓋、器）

西周晚期　散伯簋乙（蓋、器）

西周晚期　散伯簋丙（蓋、器）

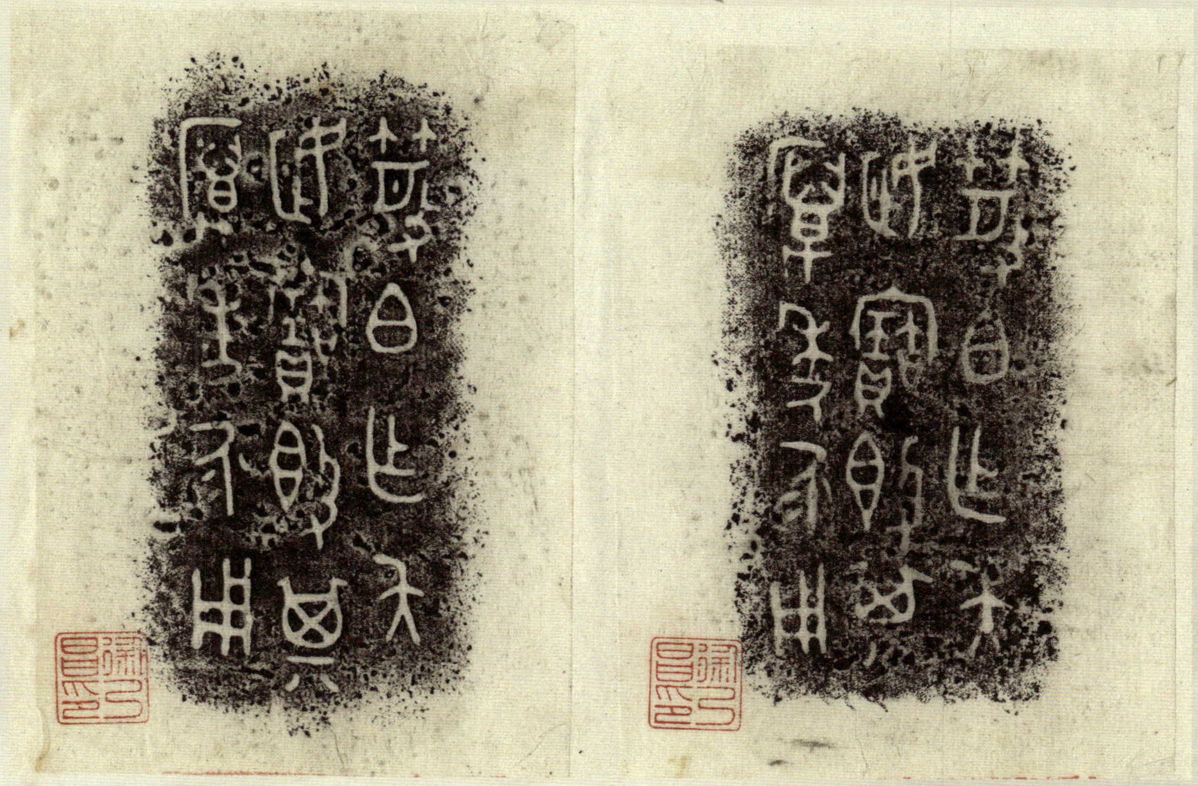

西周中期　城虢遣生簋

西周晚期　復公子簋

西周晚期　叔師興父盨甲

西周晚期　叔師興父盨乙

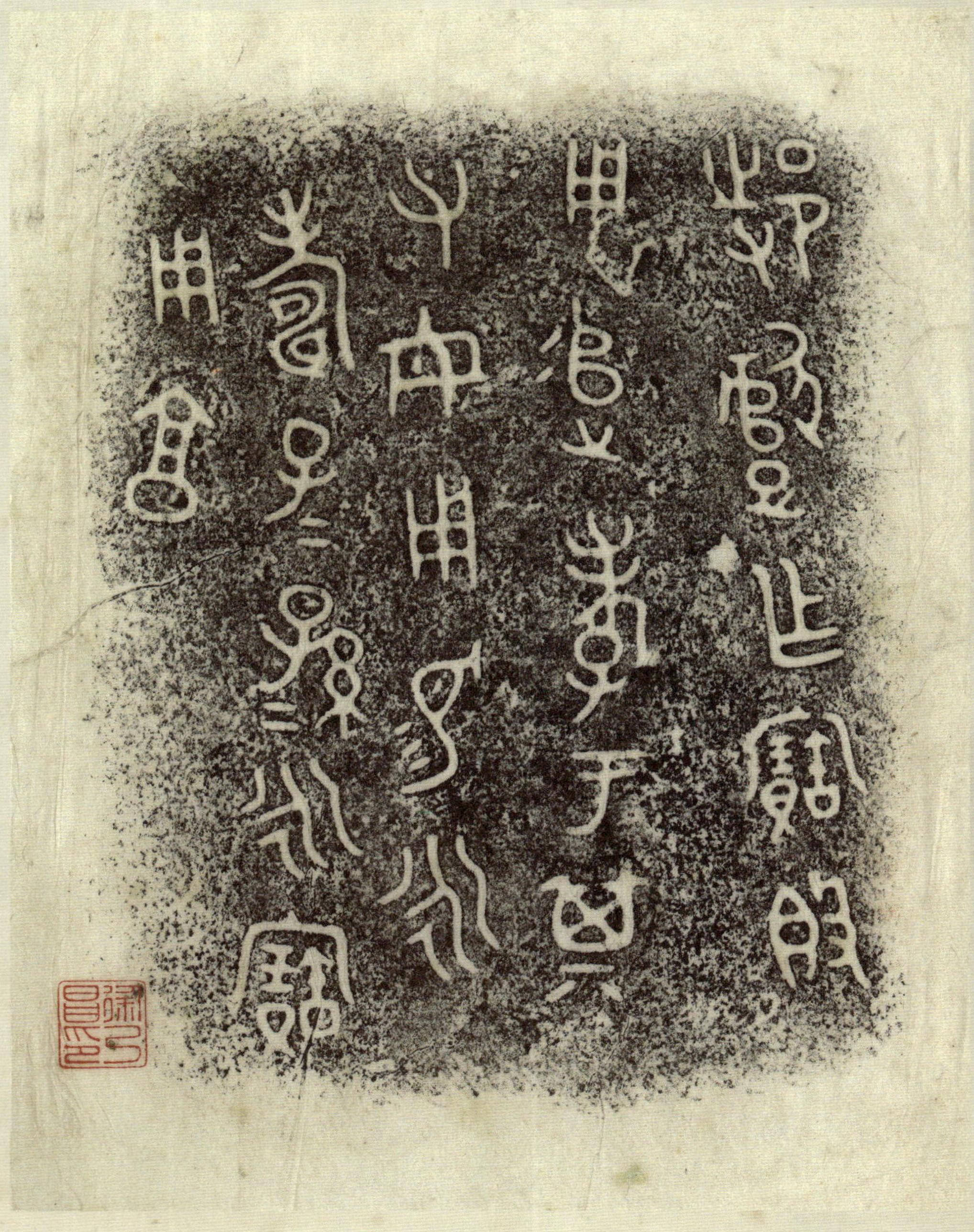

春秋早期　郜歔簋甲

春秋早期　郜𣪘簋乙

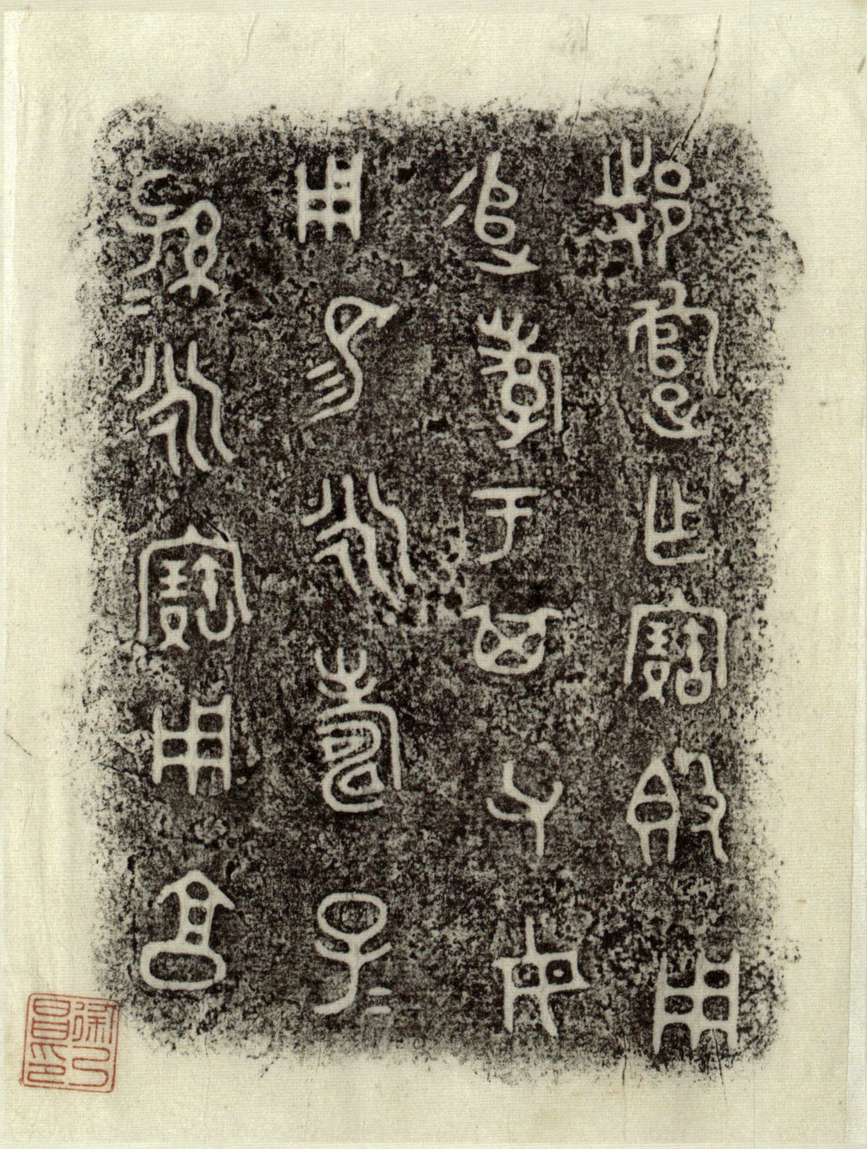

西周中期　伯𢦚簋甲

西周中期　伯𤔲簋乙

西周晚期　兮仲簋甲

西周晚期　兮仲簋乙

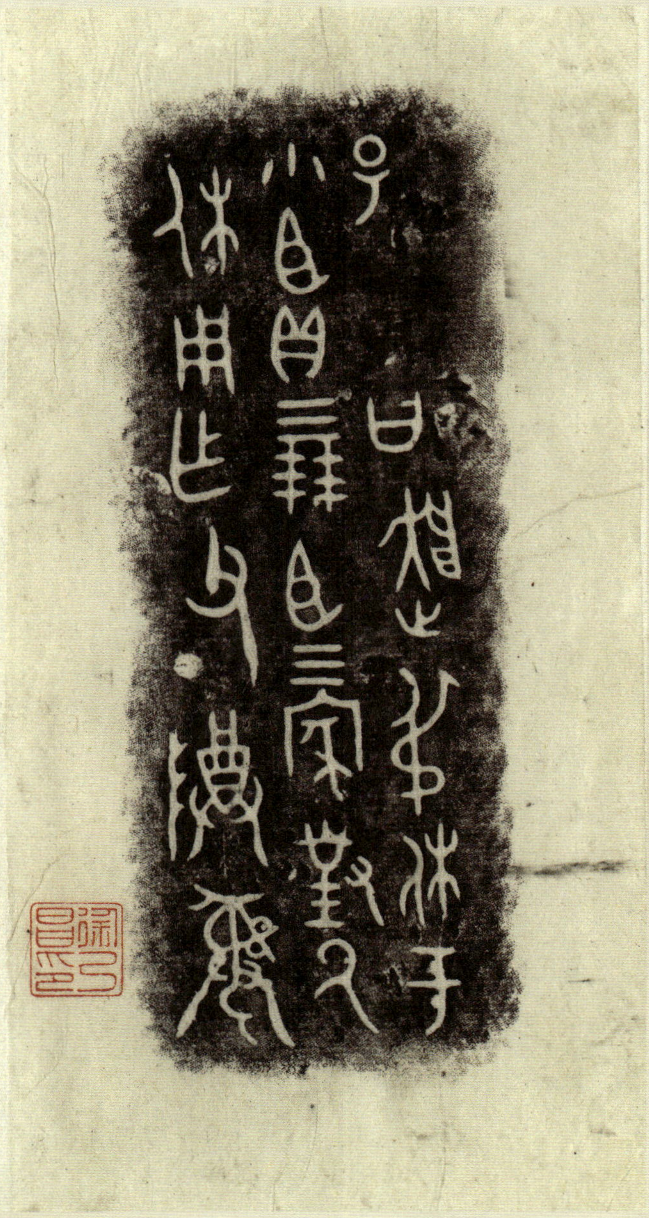

西周早期　易旁簋甲

西周早期　易旁簋乙

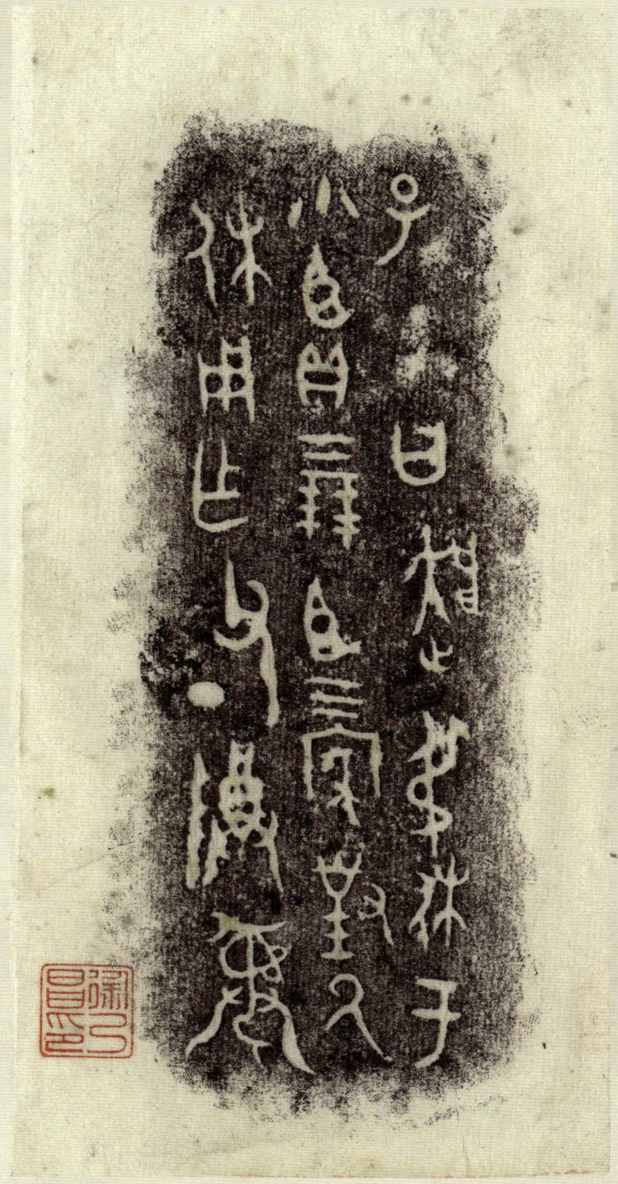

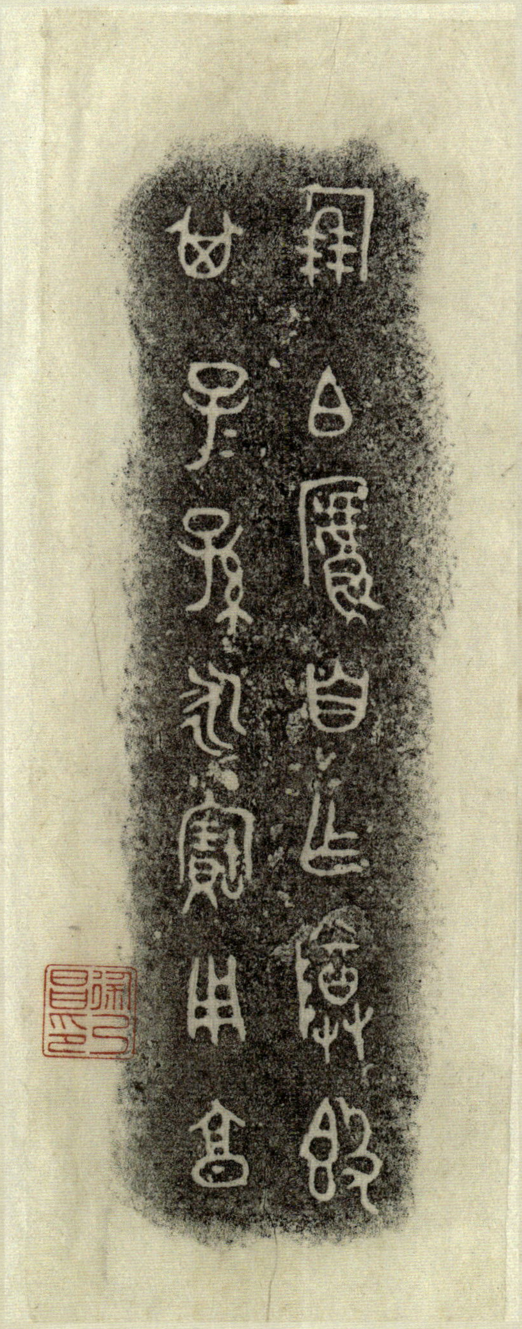

西周中期　倗伯簋

西周中期 仲䱷父簋

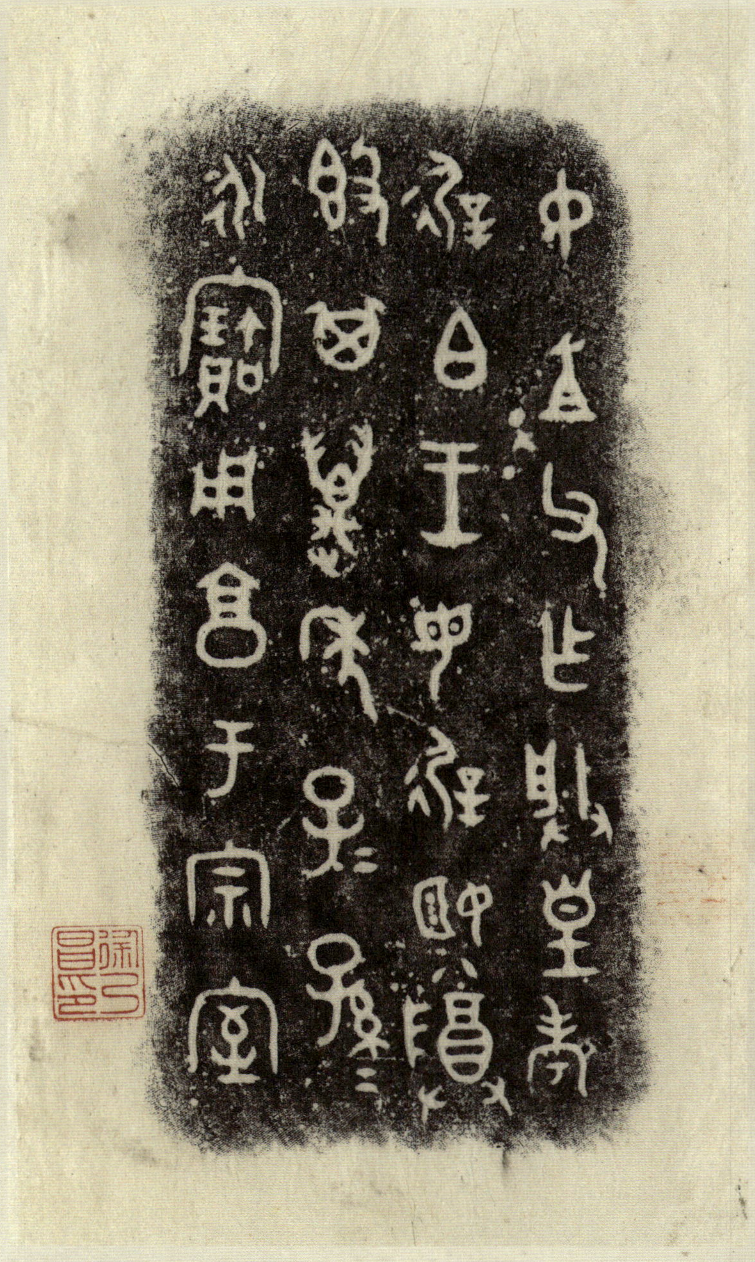

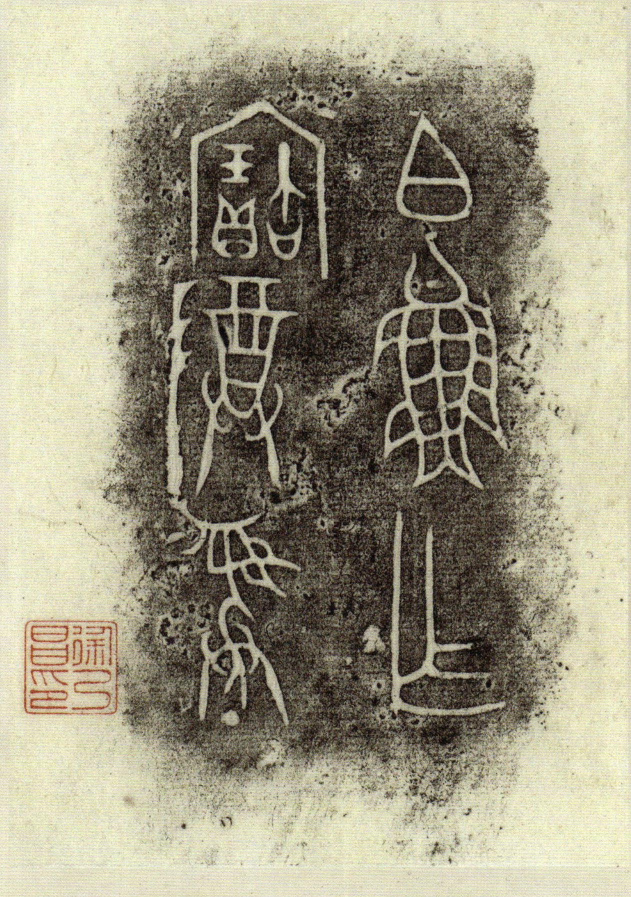

西周早期　伯魚簋甲

西周早期 伯魚簋乙

商晚期 遷簋

西周早期　𢦏馭簋

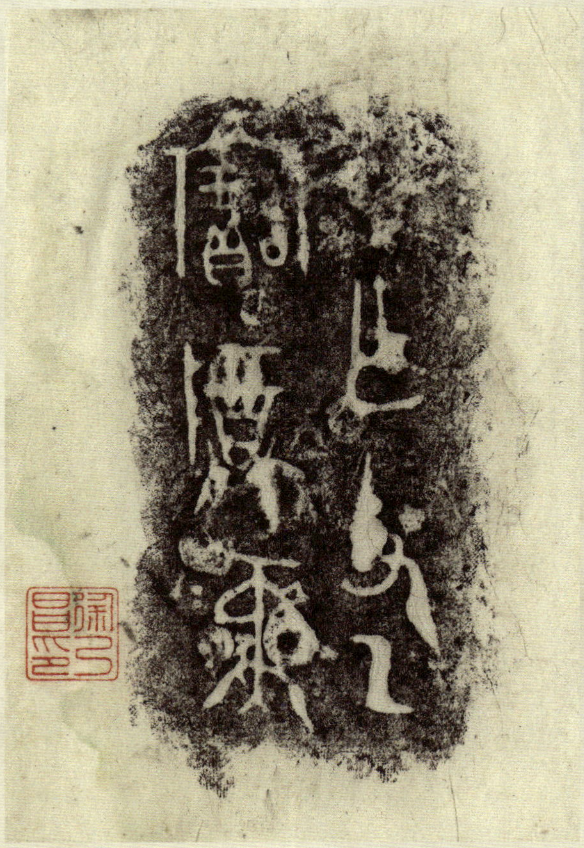

西周早期　□作父乙寶尊彝

西周早期　紀侯簋

商晚期　□子□父乙簋

商晚期　宁矢父丁簋

西周早期　史逗簋

商晚期　林𡚱鬲

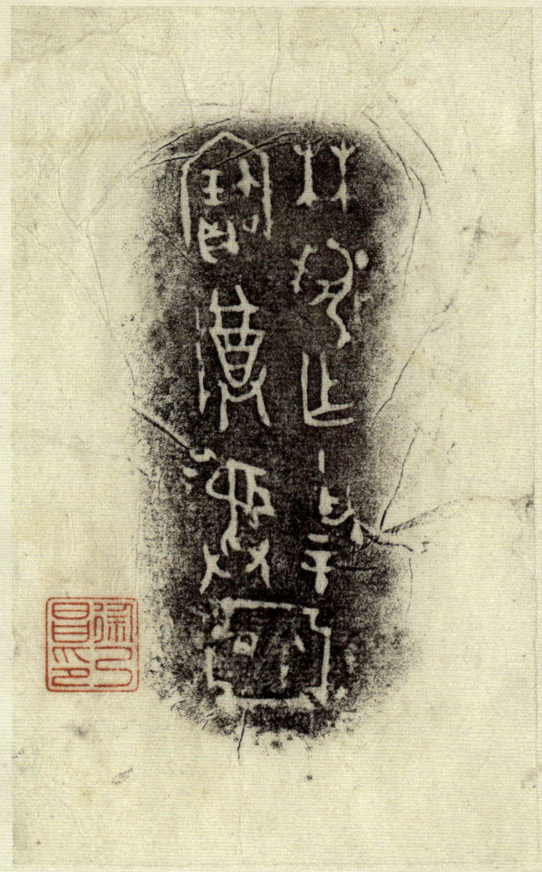

西周早期　束麦簋

西周早期 作寶尊彝簋

西周早期 □作彝簋

西周早期 叔作㚸尊簋

商晚期 咸父乙簋

西周早期 卬父簋

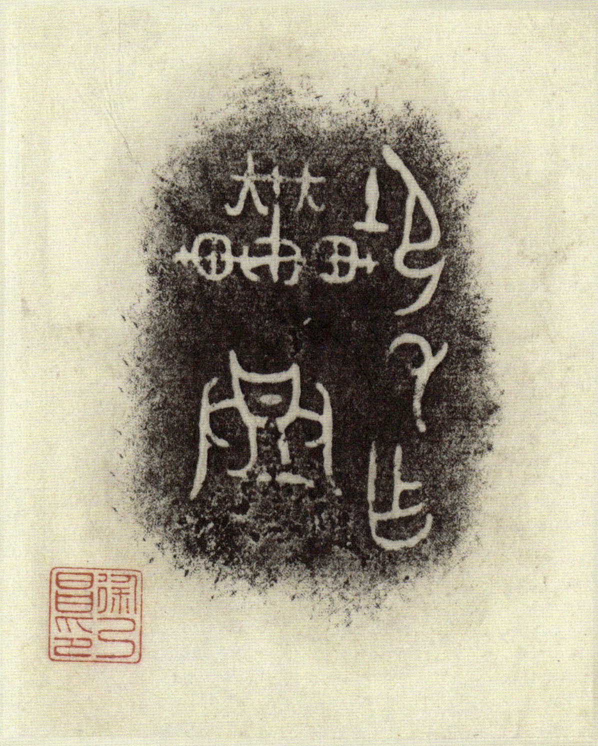

商晚期 □□父己簋

商晚期 串父辛簋

商晚期 □簋

商晚期 羊簋

商晚期 □父辛簋

商晚期 戈簋

商晚期 未知器

商晚期 伯八口簋

商晚期　季口父乙宁簋

西周早期　雔□簋

商晚期 行口天簋

商晚期 作夆簋

商晚期 竝卣（蓋、器）

秦始皇廿六年詔書權

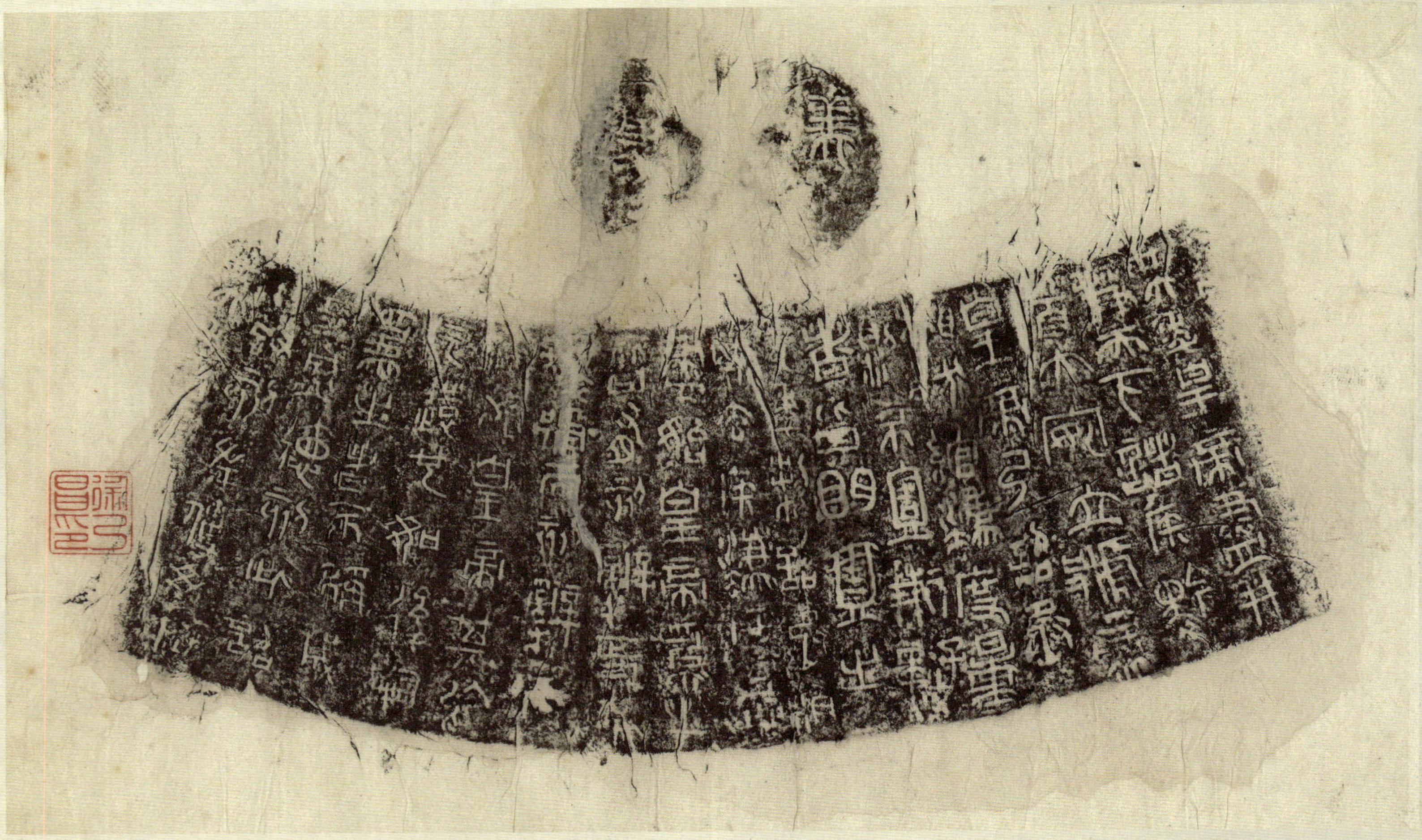

秦始皇廿六年詔書權

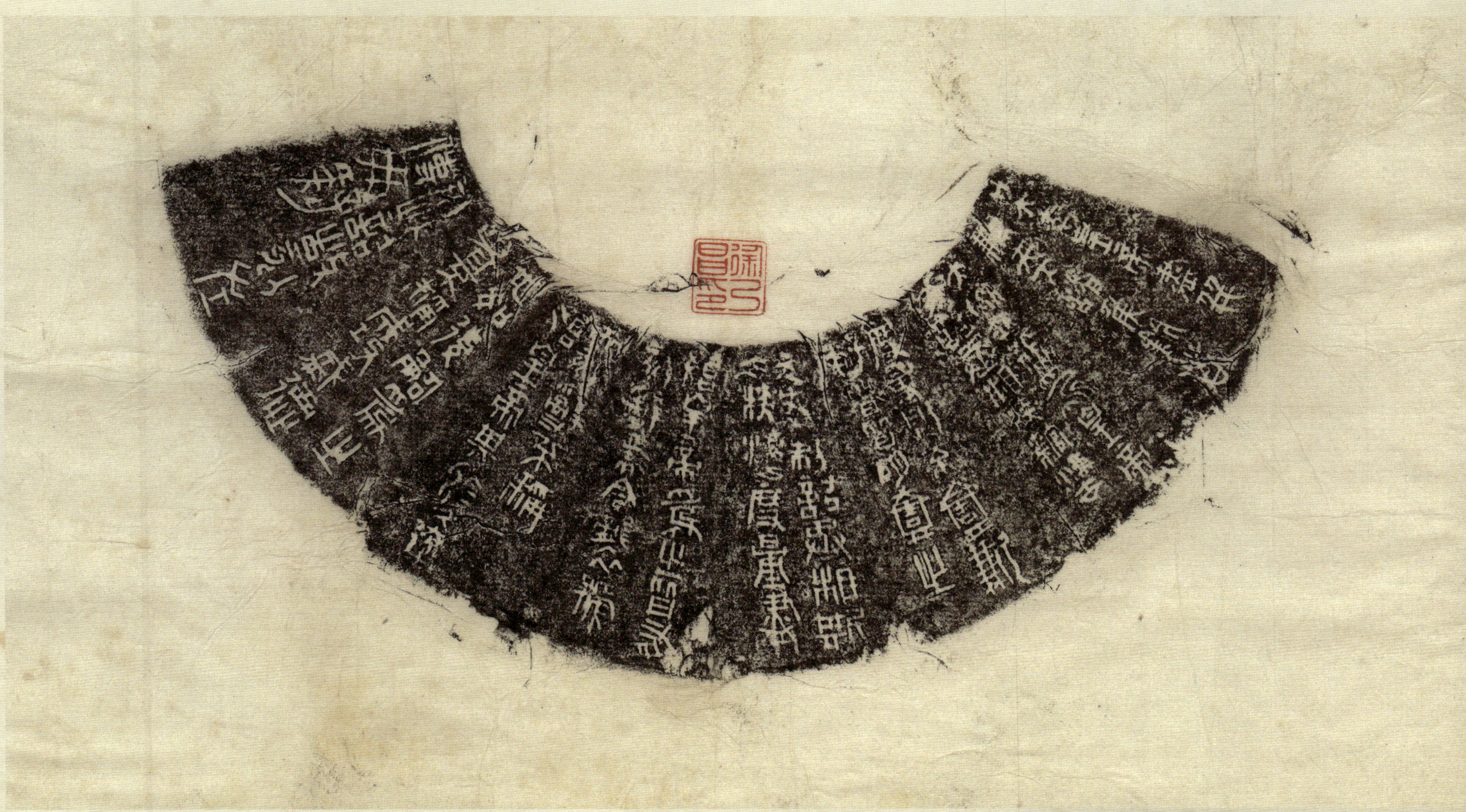

拓本擴版精選

春秋晚期 王孫遺者鐘（正面鉦間）

釋文：唯正月初吉，丁
亥，王孫遺者擇
其吉金，自作龢
鐘。中翰虘揚，元

春秋晚期　王孫遺者鐘（正面左鼓）

鳴孔煌。用享以
孝，于我皇祖文
考。用祈眉壽，余

春秋晚期　王孫遺者鐘（背面右鼓）

溫龔舒屖，畏忌趩趩，肅悊聖武，惠于政德，淑于威

春秋晚期　王孫遺者鐘（背面鉦間）

儀，謀猷丕飤。闌闌
龢鐘，用匽以喜。
用樂嘉賓父兄
及我朋友，余恁

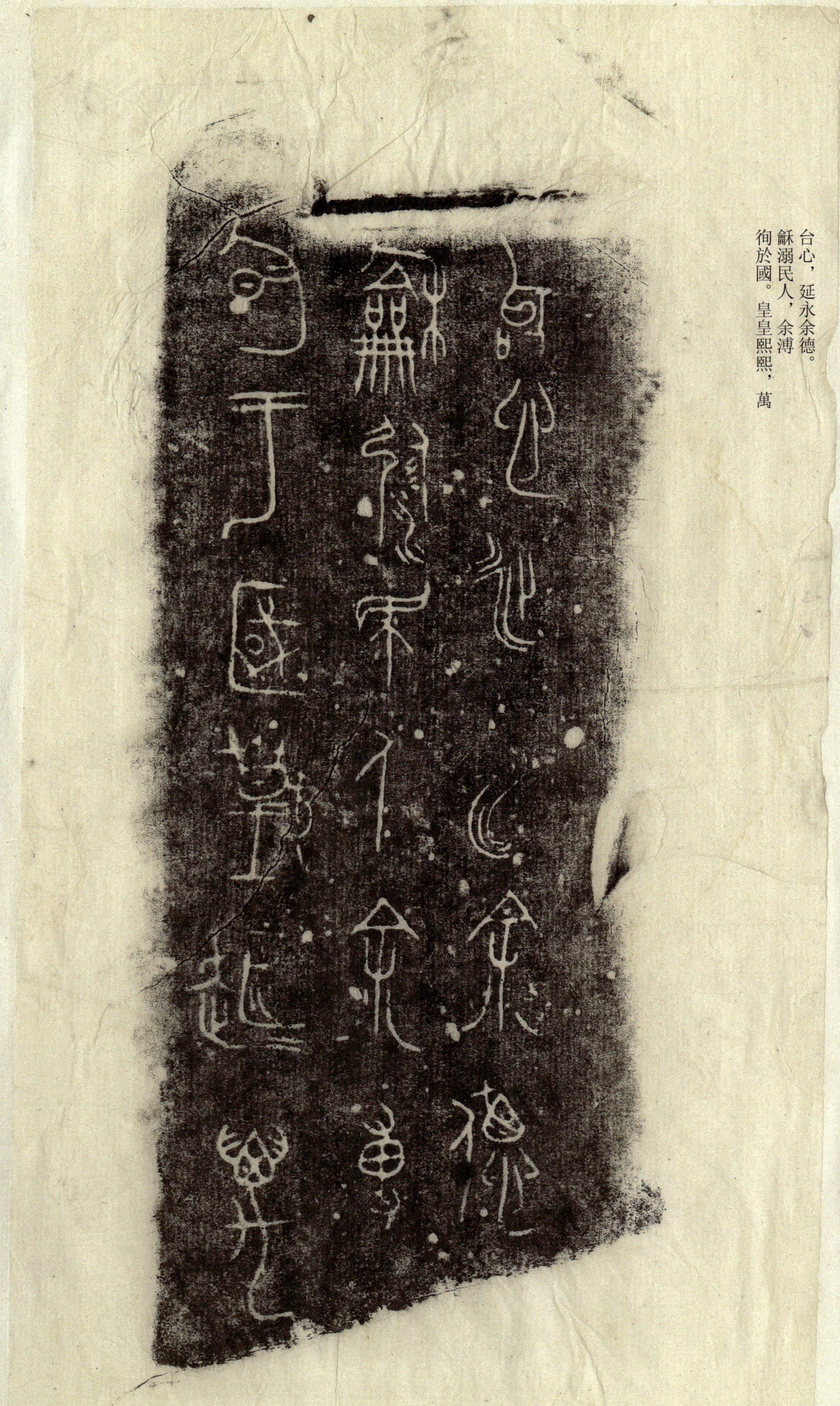

春秋晚期 王孫遺者鐘（背面左鼓）

台心，延永余德。龢溺民人，余溥徇於國。皇皇熙熙，萬

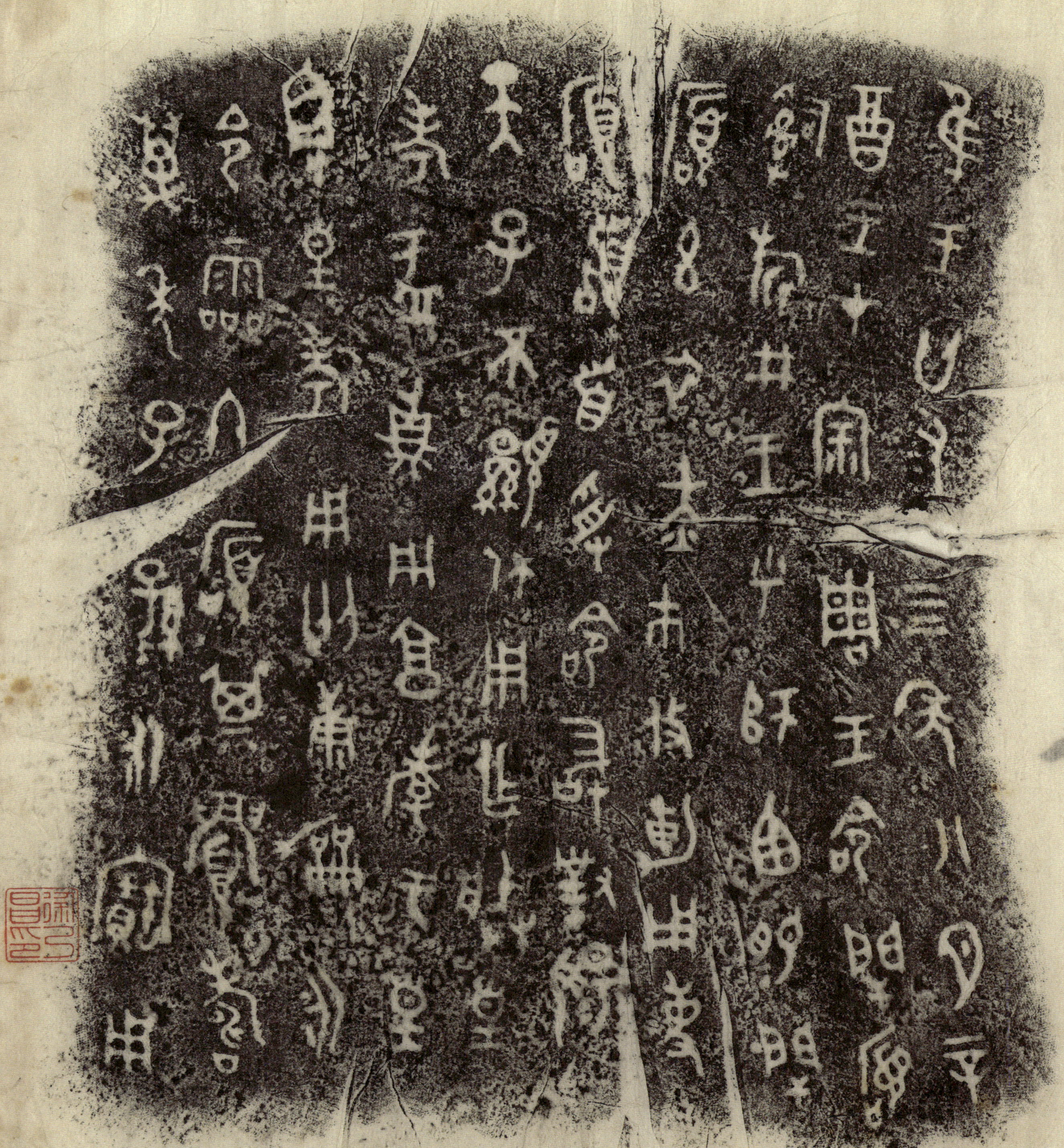

西周早期　廿四年誾碩鼎

隹王廿又四年八月辛酉，王在宗周。王命誾碩司旂井。王乎師酉賜誾碩玄衣、赤市、攸勒，用事。誾碩首，受命，敢對揚天子丕顯休。用乍朕皇考盂鼎。用喜孝於皇祖皇考，用匃康勵，永令霝終，碩其眉壽萬年，子子孫孫永寶用。

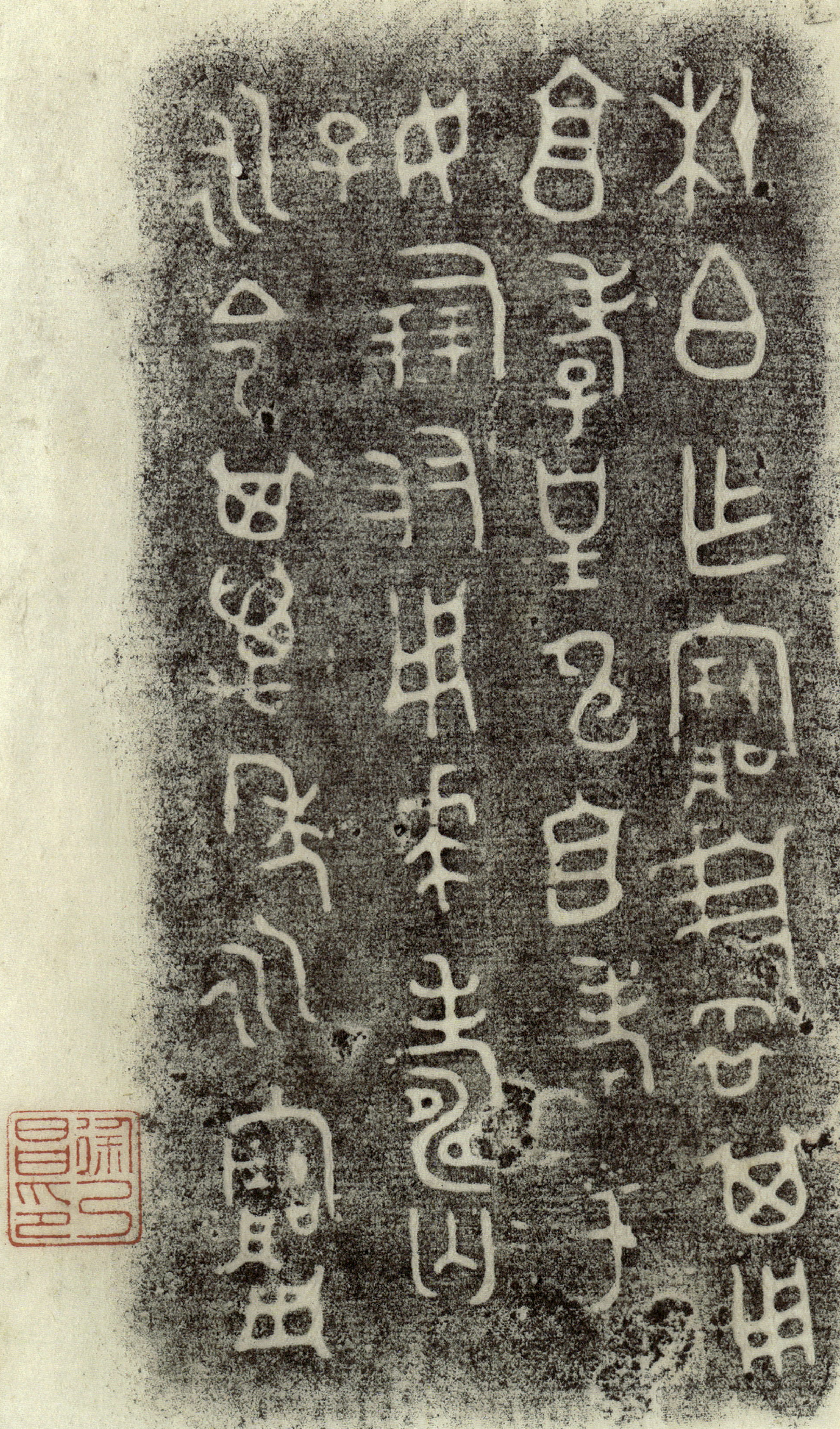

西周晚期　杜伯盨（蓋）

杜伯作寶盨，其用享孝於皇神祖考，于好朋友。用禱，匄永命，其萬年永寶用。

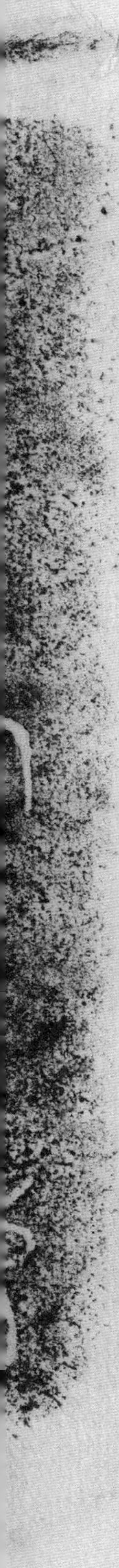

西周晚期　克鐘甲

隹十又六年九月初吉庚寅，王在周康剌宮，王呼士曶召克，王親令克，遹涇東

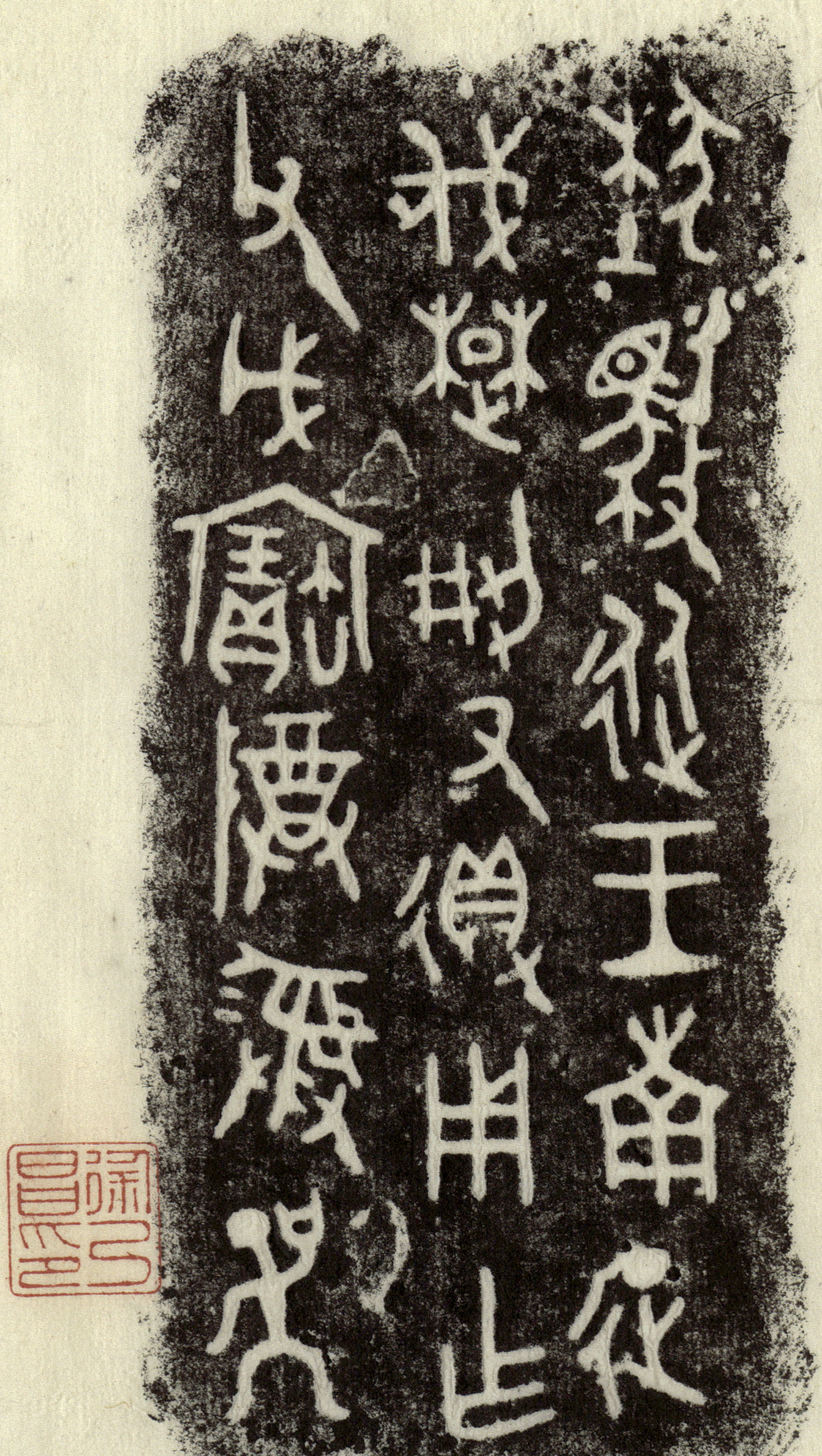

西周早期　㹻馭簋

㹻馭從王南征，伐楚荊，又得，用乍父戊寶尊彝。□。

商晚期　邐簋

辛巳，王酓多亞。
聽亯京邐。
賜貝二朋，用作太子丁，□。

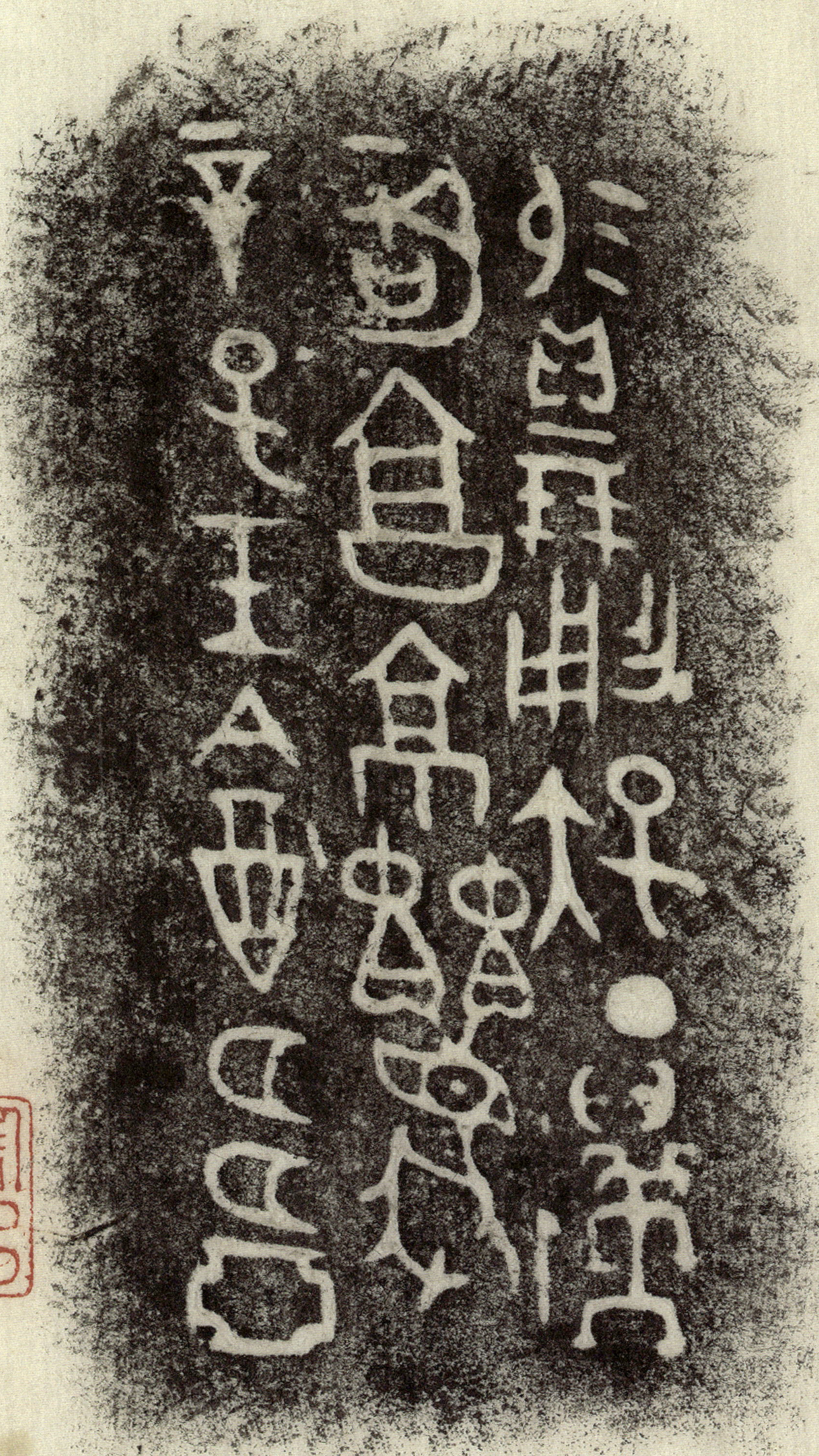

戰國早期　陳純釜

陳猶立事歲，
𩰫月戊寅，處
茲安陵，公命
左關師發敕
主左關之釜，
節於稟釜，敦
者曰陳純。

西周中期 師望鼎

太師小子師朢曰：丕顯皇考寬公穆穆克盟氒心哲氒德，用辟于先王，得屯亡敃，朢肇帥井皇考，虔夙夜出内王命，不敢不兮不斐王用弗遻聖人之後多蔑曆錫休，朢敢對揚天子丕顯魯休，用乍朕皇考寬公尊鼎，師朢其萬年子子孫孫永寶用。

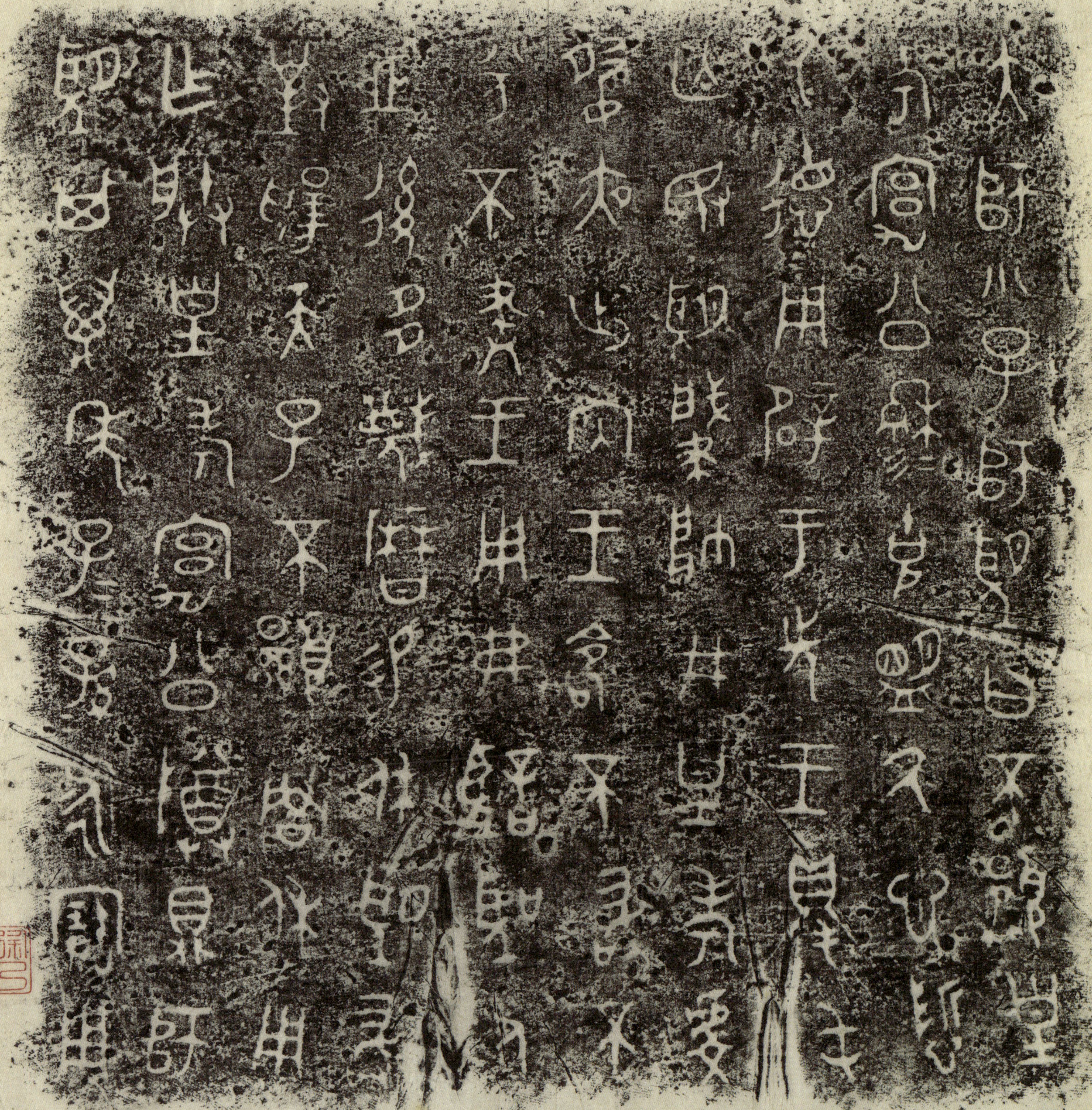

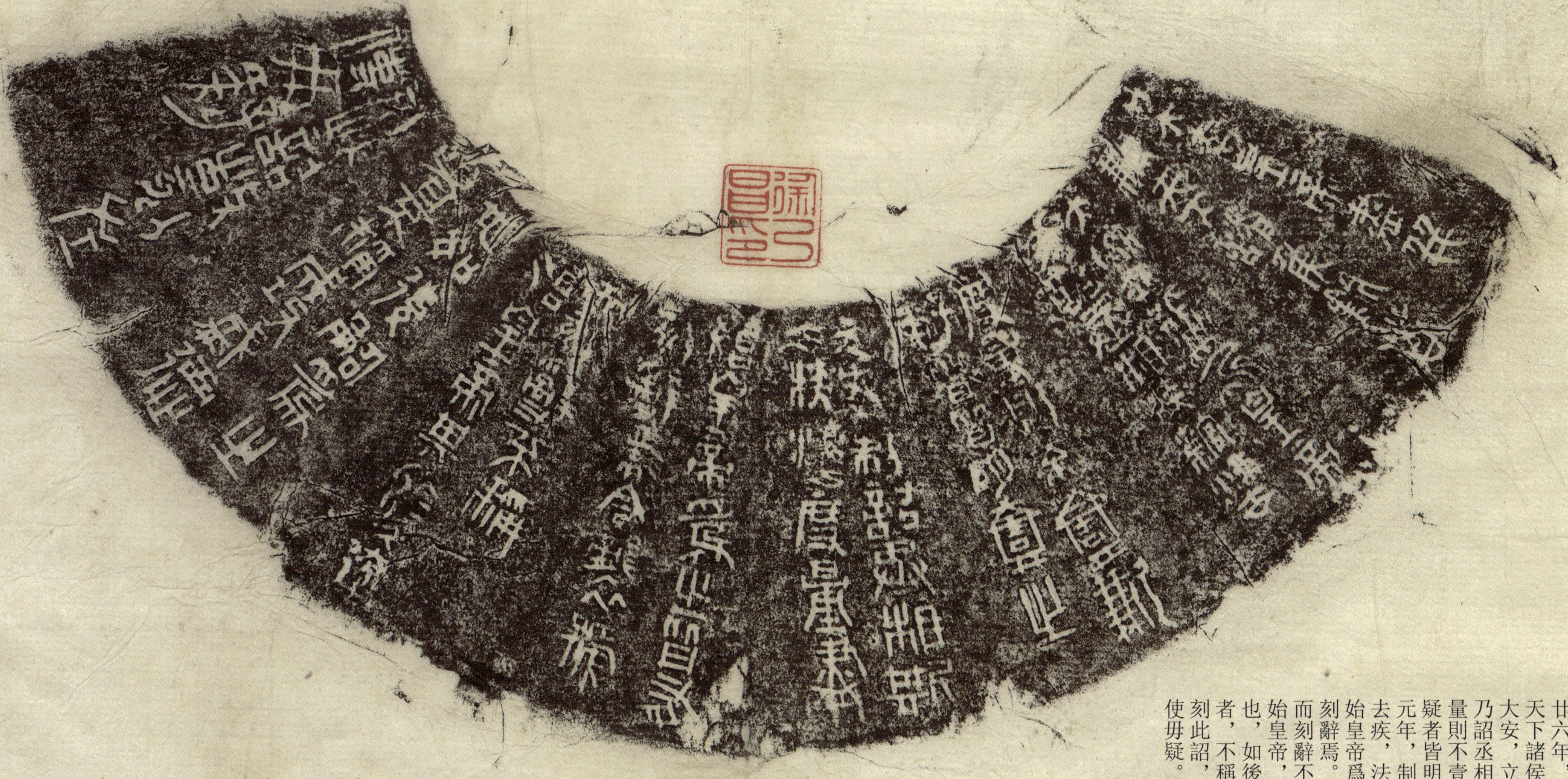

秦始皇廿六年詔書權

廿六年，皇帝盡并兼天下諸侯，黔首大安，立號爲皇帝，乃詔丞相狀、綰，法度量則不壹，歉疑者皆明壹之。

元年，制詔丞相斯、去疾，法度量，盡始皇帝爲之，皆有刻辭焉。今襲號而刻辭不稱始皇帝，其於久遠也，如後嗣爲之者，不稱成功盛德，刻此詔，故刻左，使毋疑。

秦始皇廿六年詔書權

廿六年，皇帝盡并兼天下諸侯，黔首大安，立號爲皇帝，乃詔丞相狀、綰，法度量則不壹，歉疑者皆明壹之。元年，制詔丞相斯、去疾，法度量，盡始皇帝爲之，皆有刻辭焉。今襲號，而刻辭不稱始皇帝，其於久遠也，如後嗣爲之者，不稱成功盛德，刻此詔，故刻左，使毋疑。

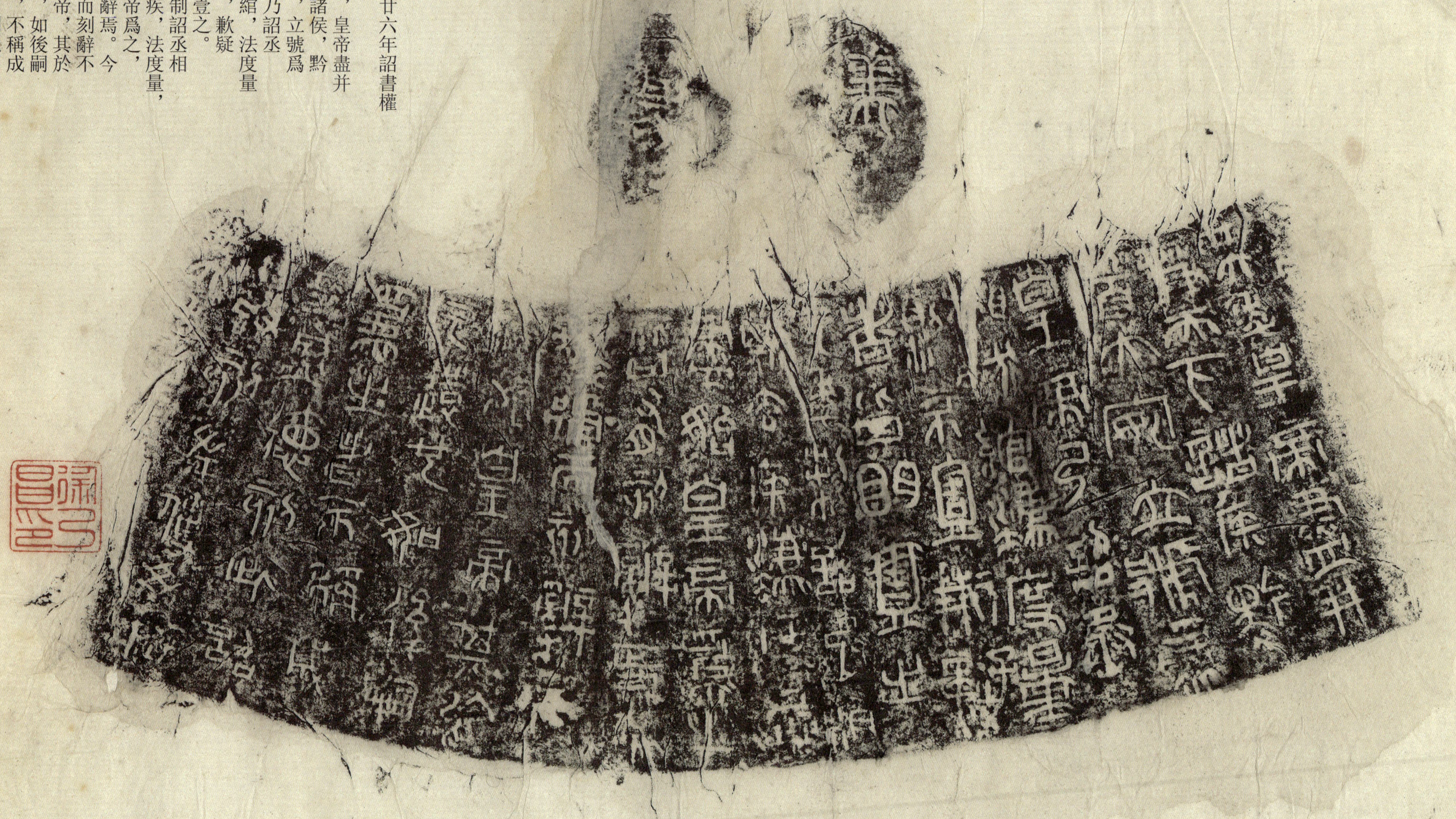

附録

西南大學圖書館藏《徐乃昌日記》中涉及程霖生的記載

一九二〇年

一月

初五日，晚間，姚文旉招飲，汪筱巖、汪子寧、程齡孫同座。散後，同筱巖、子寧竹戲，負洋七圓。

十三日，程齡孫以藏器拓本二百卌四種相貽。

十七日，晚，讌余壽平、李伯行、方玉山、余魯卿、洪希甫、夏玉峰於都益處，金伯屏、程齡孫、樊稼田未到，共菜洋十五圓。

六月

廿五日，晚，赴齡孫遂吾廬之約。

七月

初六日，晚，約顧鼎梅、周夢坡、吴寄塵、徐曉霞、吴蝶卿、李拔可、劉蔥石、程齡孫一枝香西酌，蕭蒲邨、蕭哲夫、李梅庵、夏劍丞、周湘雲醉。共用十二圓七分。

十月

十四日，陳器之送新拓齡孫彝器廿四片。

十二月

初十日，至程齡孫家，不晤。

十一日，至齡孫處，久譚，座中晤周孝懷、謝無量。

一九二一年

二月

朔日，午刻，約余壽老、劉健之、程齡孫、李木公、洪希甫、陳少舟、李鳳池、朱韻笙一枝香西酌，李伯行、余魯卿、夏玉峰未到。

三月

十六日，午刻，周湘雲約學圃西酌。散後，至程齡孫家，觀新得兩壺，極佳。價八千兩。效卣、貉子卣亦佳。

四月

初八日，至程齡孫家，屬陳器之拓兔符。瀏銀。并取所拓禾肇彝、父丁角。晚，器之來，交拓成兔符五紙。

五月

十七日，陳器之交來拓程齡孫各器拓本。

十一月

廿五日，章希瑗、王灝渠來，譚銅陵礦事，隨同至程齡孫家，不遇。

廿六日，希瑗、灝渠來，約同至余壽老處，譚銅陵礦務。至程齡孫家，譚銅陵礦務，并晤李次山、六安人，聯合通信社主任，執行寧滬律師職務，住南成都路重慶里。李少穆。

十二月

初五日，至徽寧會館，吊程齡孫母太夫人。

一九二二年

二月

朔，寄南京、蘇州、浙江安徽會館、同鄉會大陵鐵礦公司招股章程、公啓各二十分，又上海同鄉廿分。李伯行、王幼農、謝錦章、余魯卿、王希甫、陳少舟、汪擷荀、李木公、劉晦之、金伯屏、夏玉峰、李鳳池、聶榕卿、朱幼鴻、劉子鶴、程齡孫、朱硯濤、張東甫、陳介庵、周美權。

閏五月

商定，俟霖生回滬再爲計議。晚來書，孝懷明早拜季皋。已晤霖生，仍持六禮之説。霖生午後三四時來拜。

十五日

程霖生來譚，請其商勸乃嫂，不必定增珠飾作聘。

十七日

答拜程霖生譚，下聘增首飾辭意不堅决，并云李府約兩三日内答復。

二十日，周孝懷來譚，程府聘禮增首飾事已不提議，霖生力阻止。屬詢李公子號某某并聘禮單，當請任子木開來。

廿八日，拜李季皋，告廿一日接孝懷書，商霖生惟聘禮一切聽命，至請期之日，所望互爲容納，以慰乃嫂。辭至婉摯，季皋意須先期單示，俾易措辦。當覆孝懷，以外出未晤。

十二月

初二日，同周孝懷爲李季皋、程齡孫兩家聯姻作冰人。晚歸，即寒熱大作，延林洞省西醫治之。

一九二四年

三月

廿八日，致蕙石函。并擬復美權函稿。

程霖生來譚，出蚌埠興業股份有限公司章程，屬作發起人。

覆翟展成書。怡生托售之鼎霖生不收，請覓便來取。《紀氏嘉言集》未見其書。聞人倓《古詩箋》，無此書。

廿九日，鮑子丹來，請其函告，已爲袁述之紹介程霖生。

四月

十六日，至劉慧之處譚，吴怡生銅鼎决意不受。又訪席少卿，譚銅鼎售程齡孫，又譚朱瑞堂托售漢陽葉氏書畫。

十九日，劉慧之來，告吴怡生鼎少卿已同齡孫商定購價五百圓，另捐慈幼院二百圓。

二十日，致胡海帆書，爲程伯容紹介。致翟展成書。告銅鼎霖生已議價五百圓，另捐二百圓。《古詩箋》修好，交玉峰寄蕪。程霖生約五時酒叙，辭。

五月

廿九日，席少卿來交來七百圓。吴怡生以古鼎變價洋五百圓，捐慈幼院三百圓、放生池二百圓。程霖生捐慈幼院三百圓。并以扇面乞馮蒿老書。六月一日余峙蓮交來收條三紙。

六月

朔日，慈幼院籌備會余峙蓮揚華函送吴怡生捐慈幼院三百圓、放生會二百圓、程霖生捐慈幼院二百圓收照三紙，當將怡生捐照交展成，霖生捐照交少卿。

廿六日，拜程齡孫，未晤。

廿七日，九時，李季皋來，交吉期帖。乙丑年八月廿二日戌時。三時，送至程府，齡孫陪回允帖，送交季皋。商親迎禮，亦允，復至程府，晤其戚曹君告之。

十二月

二十日，至劉晦之處，勸募達善堂婦孺收容所捐款。又至徐静仁、惲季申、劉翰怡、程霖生處，劉晦之捐一百圓，當交子丹弟收。廿一日將捐啓交冠英侄，歸帶交丹弟。廿二日將收據交晦之。

一九二五年

廿一日，同鄉會邀集旅滬鄉人在一枝香籌辦振務，陳少舟捐壹千圓，舒詠芝捐五百圓，張東甫捐四百圓，王駿生捐二百圓，陳介庵、汪幼農、聶榕卿各捐壹百圓。李伯行、李仲仙、李季皋、朱硯濤、朱幼鴻、程齡孫、劉慧之、陳卓甫未到。

九月

廿三日，趙月川無虞司寇壺。海豐吴氏兩壺，毁於火。其所得者爲杞伯敏父壺，售諸劉慧之。未久，又歸程齡孫。

廿五日，匋齋王孫鐘爲吉金之冠，庚申年在京出售，索值四千金。同時，兩師酉敦在蘇售如其值。程齡孫擬得其一，不能决，往復相商。余告之曰：寧舍敦而取鐘也，遂定議。

十月

初六日，汪蟾清來，交僧法空募建黄山獅子峰清涼頂古寺捐册，請程齡孫捐助。隨於午後四時往訪，候至六時，未至而歸。蟾清自助三百圓，塑佛像金座；又助門窗上玻璃。全堂題名爲汪遺德堂。

初七日，又至程齡孫家，未晤。至汪蟾清家，略譚。

初九日，訪程齡孫，譚募黄山清涼寺捐助洋貳百圓，又歙縣灾無辦法，故未捐款。

十一日，至汪蟾清處，交黄山清涼寺募捐册，告齡孫捐二百圓。

十二月

十八日，紹介陳器之售周夢坡拓片。程齡孫藏三百卅片。價洋捌拾圓。

一九二三年

六月

二十日，晚，程齡孫約酒叙，王志襄、陶星如、姚文旉同席。霖生商調停同鄉意見解决，全皖會館周孝懷授静塵法。

八月

初二日，拜張啬庵、張孝若、陳保初、程齡孫，均未晤。

初四日，徽寧同鄉會明日選舉，投余魯卿、汪漢溪、汪禹丞、胡佩如、曹志功、朱硯濤、江漢珊、陳少舟、李振亞、吕篙漁十人票。程齡孫、汪幼農、余穀民、路文彬、鄭介誠、許伯龍不及選舉。

廿二日，晚，柏烈武約至平濟利路嗚和里本宅酒叙，座有余魯卿、程齡孫、陳少舟、夏玉峰、李少穆，商同鄉會并全皖會館進行。許静仁去九江，吕皋俞去蚌埠，未至。

十月

廿三日，覆王灝書。托程齡孫位置，覆以前曾爲親友説項，已拒絶，今未便啓口，容後留意。寄荻港仇德昌號轉交。

十一月

初三日，閱昨日，《新申報》載。皖同鄉會開評議會成立大會，并舉正、副評議長及理事，到評議員八十人。票王次賓、胡佩如，寫票金長江、吴新九、程永言；正評議長柏烈武，王龍庭候補；副評議長許伯龍、張己振；理事李仲軒、許静仁、汪幼農、徐積餘、程霖生、李少穆、王龍庭、李圖南、夏玉峰、常藩侯、陳少舟、汪擷荀、關芸農、余魯卿、路文彬。

初九日，晚七時，李季皋約大雅春和樓酒叙，季皋擬聘程齡孫侄女爲子婦，請作冰人。

十四日，函吴蝶卿，募捐十二圩義園遷費，附贈《妙法蓮華經》有匣。《大悲心陀羅尼經》。旋得覆書，捐洋五十圓。李季皋來譚，親交冰人請帖。周孝懷來告，程府聘禮須增珠飾四件，

何世楨副評議長，程霖生、汪瘦岑、俞朗溪、孫鏡蓉、詹銘珊、常藩侯、吴仲謀、陳麗春、朱幼岑、洪明度、夏玉峰、胡樸安、汪禹丞、林春于、許筱輔等爲理事。

二十日，晚，程齡孫約陪李季皋宴飲。

二十一日，拜程齡孫，未晤。

十一月

初九日，晚，訪程齡孫，未晤。

初十日，至程霖生處乞振。

十一日，晨，至李伯老處，告向程霖生募捐情形。覆夏輔宜書。蘇同鄉縣振款壹千圓，如放亳灾，加壹千圓。夢老初意補助五千圓，繼意放亳、滁兵匪灾振。寄《救荒輯要》十本。告募程霖生振。晤吴引之，借季熙堂。周業勤回申，未晤。

十四日，致夏輔宜書。擷荀可捐款。業勤可捐，勿催。馬金濤等十六至寧。孤兒入院，容商梅老。程霖生、李季皋反對皖振。鮑承良達善堂捐洋壹千圓、棉衣一百套。寧興礦發現銅礦。

一九二六年

一月

廿三日，致程霖生書。辭明晚功德林之約。

三月

十七日，余峙蓮來，交丁價侯、一號。程霖生、二號。張仲照、三號。李從龍、四號。董事證書。

十八日，拜余峙蓮，未晤，留程霖生、李從龍會董證書，請由會分别寄送。

四月

初四日，旅滬安徽同鄉會程霖生理事長。陳少舟評議長。函。四時歡迎會董就職，以疾辭之。

廿五日，程霖生約晚五時陪吕燮夫酒叙，辭之。

八月

朔日，陳器之來，未晤，留贈程霖生藏拓本四十二種。鐘一、罍二、鑪一、敦一、鼎三、彝二、鬲一、尊一、卣十三、盉三、盂二、豆二、釜二、甗一、觶一、觚二、爵三、觴一。

九月

初四日，許静仁、程霖生約六時新新酒樓餐叙，辭。爲同鄉會募捐。

十月

十四日，程齡孫來譚，堅約組織皖省自治會。

十二月

十七日，昨陳器之來，贈程齡孫藏器拓本廿五種。尊六、盤三、壺五、匜五、甗三、斝三。陳器之來，托售程齡孫拓本二份。每份五百二十張。

一九二七年

六月

十八日，覆吴舜臣書。先墓前後左右請掃除沙石，左近田修整以保墓道。峨嶺各處灾佃應如何撫恤，請主持辦理，告濟生籌辦振務情形。程霖生濟衆水乞得二千瓶。覆楊芷青訊請轉交。

一九二八年

三月

十日，覆程霖生書。霖生借《兩罍軒彝器圖釋》《攈古録》《金文目》，索齊太公田和區、陳猷區兩拓本 。

四月

二月

初四日，晚，赴程齡孫酒叙之約。

四月

至來青閣，取書一種，索洋四圓。金少舲公賬，作價三元，閏四月朔日付。《巖鎮志》。分元、亨、利、貞四集，余華瑞撰，程佶校，雍正乙卯刻本。巖鎮在徽州歙縣，鮑子年觀古閣藏書，贈程齡孫。

閏四月

初七日，爲方逋庵題三家彝全形拓本軸。逋庵爲蓮卿後人，壺雲閣爲蓮卿藏器之所。陽下佚一字之器有二，各不同範。一爲吴退樓齋藏，即阮氏積古齋所著録者，一爲劉鐵雲藏，今均在歙縣程齡孫家，余皆見之。

初八日，徽寧會館因營借用地基，電請盧子嘉交還，稿經余壽老核定，具名三人：壽老、程霖生及余，當即簽字。

五月

十二日，致程霖生書。索神功濟衆水壹千瓶，共兩箱。

十五日，程霖生送來神功濟衆水八箱，給力一圓。

十九日，峙蓮以屯冒汽車路公司宣言書并股份章程請商程霖生附股。

六月

初七日，覆任心白書。以程霖生神功濟衆水一箱代助江蘇監獄感化會。

十三日，至程齡孫處，告李府喜期係八月廿三日，因曆本去年所刻有誤。

十七日，程齡孫來，未晤。

二十日，昨晤程霖生，譚李府喜期改後一日，已允，今往告季皋。贈程霖生《巖鎮志》。

八月

十一日，程齡孫來，未晤。晚答拜譚，周孝懷在京，改請張東甫代作冰人。

十二日，晨至張東甫處，約同往李季皋、程齡孫兩家作冰人、行聘禮。晚，李伯奇約至都益處酒叙，爲其弟九月八日結婚，請作證婚人。

十九日，送程霖生紅花緞喜幛、喜爆。

二十日，晚，程霖生請喜筵，觀妝奩。

廿一日，午刻，至程齡孫家午飯。一時，同周孝懷領妝至李季皋家，妝到即辭回。

廿三日，爲李季皋。子定侯。程齡孫。貽澤妹。兩家結婚作冰人。在齡孫家晤曹叔琴。齡孫姊丈。汪叔遷。歙人，國民黨議員。

廿五日，晚，至程霖生家酒叙，觀劇。

廿七日，陳器之來，贈程霖生藏器拓本四十種，鐘五、鼎廿一、彝八、敦五、鬲一。有一鐘，公之孫，叔之子。文二百六十字。器之云僞作，然實能亂真也。

廿八日，李季皋約五時至一枝香，陪新親程齡孫，劇爲共舞臺演，徐碧雲、馬連良演《街碑亭》，另設一席接待濤貝勒，晚十時散。

九月

初六日，程齡孫送謝冰人禮，先收烏參、金肘；後再送永安公司禮券四十元，收之。

十七日，報載，同鄉會十五復選，李偉侯評議長，吕篙漁、

今檢《荔牆叢刻》二十册、《白虎通德論》二册借之。覆以各書坊肆中大都有之，易於搜集，似無庸向藏書家乞借也。

六月

二十四日，程齡孫來譚，述江彤侯商將程霖生九月陽曆支票壹千元調押現洋，當以前彤侯兩次匯來壹千元通志館修金存恒順公司折，交演生支付未允，隨即自取。同演生至同德醫院，往晤彤侯，由演生交之。彤侯當即轉付孟鄒。

二十七日，致程霖生書。索神功濟衆水寄南陵灾區，交來申公普濟水大小二箱。

七月

初二日，覆吴舜臣書。水灾甚慘，西南鄉亦報灾，舜臣在振會募捐股。告翟展成蕪義振協會初則蕪、宣、南、繁，近又加入當塗。濟生會放蕪、宣、南、繁五千圓，展成主緩放，因蕪湖已有慈善家放振多起，宣城亦在籌辦。王一亭、黄涵之約展成來滬商皖振。募程霖生神功濟衆水大小二箱，交江順輪帶蕪。自認捐募南陵灾振壹千圓。

十一日，程演生來譚，以新印《安徽叢書》樣張及程齡孫所設之廠紙樣相示。

二十五日，在振會晤王葆齋、霍邱。汪伯奇、在報館，代安徽收捐款。江趨丹諸人，葆齋告我同李次山向程霖生募捐情形。

八月

初十日，程演生來，交閲程霖生《安徽叢書》序同茂印局承印《安徽叢書》合同稿。延周君常爲媖女診方。

十一日，訪程演生譚，交還程霖生《安徽叢書》序同茂承印《安徽叢書》合同稿。

九月

十八日，沈駿聲來譚，擬商程霖生附大東書局新股。

一九三二年

十二月

十六日，程霖生贈遂吾廬用墨三錠，五石漆烟。當覆書謝之。

一九三三年

五月

二十二日，訪程齡孫，未晤。

一九三四年

三月

十二日，訪江彤侯譚，同往聚豐園，踐其酒叙之約，共坐者程齡孫、葉元龍、張燕昌、黄賓虹、洪澤丞、胡樸安、吴鏡天、陳子言、程演生，商請樸安接管《安徽叢書》會收款支票簿。

九月

十三日，安徽同鄉會許静仁、關芸農、李次山、程霖生、汪禹丞等柬約四時一品香開緊急聯席會，討論會務重要問題。

一九三七年

十二月

二十二日，李拔可來譚。約高望之、高吹萬、姚石子、程演生、陳子言、汪孟鄒午飯，均入席，章中如、洪芰舲、高君定、程霖生、胡樸安、金祖潤未至。

十六日，姚仰南來譚，交安徽旅滬同鄉會書，公推爲徵求隊名譽總參謀。總隊長許静仁，總參謀程霖生，隊長江眉仲、孫景西、關芸農、洪明度、鄭鑒源等；名譽總隊長柏烈武，名譽總參謀徐積餘，名譽隊長、參謀李偉侯、臧和齋、王慈生、陳少舟等。

六月

七日，上午九時至下午五時，假共舞臺，舉行五周紀念大會，并第三届徵求會員大會開幕典禮，公推爲主席團體之一，當即辭之。許静仁、程霖生、徐積餘、陳少舟、常藩侯、洪明度、汪禹丞。

七月

十四日，晚，劉晦之來譚，日内北行，贈所藏陳簠齋藏器十四種拓片。余以程齡孫藏陳簠齋藏齊太公田和區、陳猷區二種報之，并贈明萬曆湖廣鄉試題紙一幅。

八月

廿二日，致程霖生書。贈羅紋紙印《玉臺新詠》、宣紙印《宋元科舉三録》，索其所藏彝器銘文拓本。

一九二九年

九月

初五日，去杭旬日，略記家中瑣事。陳器之贈程霖生金文拓本三百八十種。

一九三〇年

十二月

初八日，彤侯告我，現擬印《安徽叢書》，現商定程霖生捐洋壹萬圓。

十一日，余六十三歲生辰。江彤侯午刻招飲於新新酒樓，議印《安徽先哲遺書》，到者張燕昌、啓後，泗州。程霖生、程演生、陳子言、黄賓虹、鄧季宣、彤侯婿，繩侯子。吴鏡天、汪孟鄒，亞東圖書館。霖生捐助壹萬圓。贈程霖生、程演生、鄧季宣《覺世鴻文圖説》、翁書《金剛經》、《摩利支天經》各一部。

十二日晚，約江彤侯、程霖生、張燕昌、程演生、陳子言、黄賓虹、汪孟鄒、吴鏡天、鄧季宣酒叙，劉晦之來，未入席。

一九三一年

元月

三十日，江彤侯、程霖生約七時半酒叙。《安徽叢書》編印處委員會成立：彤侯主任，霖生經濟、演生交際、鏡天文牘、賓虹暨余編審爲常務委員、汪孟鄒會計。以霖生捐助洋壹萬圓存通和銀行，所有收款簿、支票簿悉交孟鄒保管。新刻《安徽叢書》編印書處圖章由余保管。凡有支款，須經委員會議决，孟鄒填寫支票，再送余蓋章。當場議决，暫支開辦費二百圓。

二月

十四日，陳器之來譚，贈程霖生藏造象及磚拓本：北魏前華州刺史敬寔厙氏爲生母山造像，神龜元年十二月八日，正書，有象，僞刻。北周好洸寺比丘尼惠深造皇王無量壽像，建德二年歲次癸巳七月乙丑朔八日，正書，有象。漢吴晉磚。吴興出土。

三月

十四日，程霖生來函，紹介羅君長銘來見，未晤。大旨羅君爲其考釋金文，擬借參考書籍，并請介見劉、蔣諸藏書家。

二十日，羅長銘來譚，爲程霖生編金文，交假閲書單。

二十四日，覆程霖生書。霖生屬羅長銘編彝器款識，介紹來見借書參考，

圖書在版編目（C I P）數據

歙縣程氏鐘鼎彝器款識 / 鄭伯象整理. —北京 ：國家圖書館出版社，2021.12

ISBN 978-7-5013-7287-4

Ⅰ. ①歙… Ⅱ. ①鄭… Ⅲ. ①金文－彙編－中國－古代 Ⅳ. ①K877.33

中國版本圖書館CIP數據核字（2021）第123719號

國家圖書館出版社
官方微信

書　　名 歙縣程氏鐘鼎彝器款識
著　　者 鄭伯象　整理
責任編輯 南江濤　潘雲俠
助理統籌 馮文青
封面題字 侃　庵
裝幀設計 休休堂圖書設計工作室
顧問律師 熊明威
出　　品 休休文庫
微信客服：xiuxiutangkefu
郵箱：xiuxiutang@yeah.net

出版發行 國家圖書館出版社（100034　北京市西城區文津街7號）
（原書目文獻出版社　北京圖書館出版社）
010-66114536　63802249　nlcpress@nlc.cn（郵購）
網　　址 http://www.nlcpress.com
印　　裝 北京建宏印刷有限公司
版次印次 2021年12月第1版　2021年12月第1次印刷

開　　本 787×1092（毫米）　1/8
印　　數 400套
印　　張 27.5
書　　號 ISBN 978-7-5013-7287-4
定　　價 980.00圓